速習 AIの世界
[Artificial Intelligence]

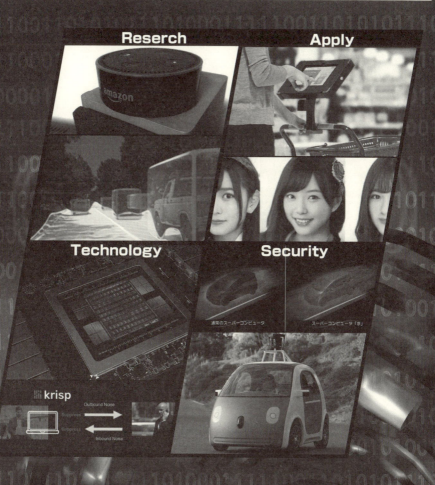

はじめに

「ディープ・ラーニング」など、第三次の「AIブーム」と言われています。
　パソコン・ソフトの開発用にはAIに適した「開発環境」や「フレームワーク」「API」の提供はすでに一般的になっています。

　また、インテルやAMD、NVIDIAなども、AI処理に最適化したCPUやGPUの開発を進めるなど、ソフト、ハードの両面でAI技術の一般化が進んでいます。

　一方、AIの思考プロセスが把握できない「ブラックボックス化」や、AIが人を超えると言われている「2045年問題」など、AIの抱える問題点も、徐々に浮き彫りになってきています。

*

　本書は、「AI」の「基本」「応用」「技術」そしてその「問題点」について解説しています。

第1章　AIの基本
　AIに関する基本的なことのおさらいと現状の解説。

第2章　AIの応用
　「AIコンビニ」やwebサービスなど、さまざまな場面で実際に利用されているAI技術を紹介。

第3章　AIの技術
　AI技術に使われる「API」「フレームワーク」「GPU」など、ハード、ソフトを具体的な例で解説。

第4章　「AI」とセキュリティ
　AI技術によって起きた事件や想定される問題を考察。

※本書は、月刊「I/O」に掲載したAIに関する記事を基に再構成したものです。

I/O編集部

速習 AIの世界
[Artificial Intelligence]

CONTENTS

はじめに 3

第1章　AIの基本

■「AI」のおさらい　●勝田有一朗 8
　「AI」とは／「AI」の研究分野／「AI」の分類／「AI」の歴史

■「AI技術」の現状　●勝田有一朗 17
　現在「第三次AIブーム」真っ只中／「機械学習」と「ディープ・ラーニング」／
　「本物の知性」を求めて

■「AI」の手法　●ドレドレ怪人 23
　AI普及以前の計算機の仕事／統計的アプローチ／機械学習／データ・マイニング／
　ディープ・ラーニング／強化学習／道具立て

■「ニューラル・ネットワーク」の原理の基礎　●高木聡 33
　「ニューラル・ネットワーク」の利点と欠点／
　「ニューラル・ネットワーク」の原理の入門の入門

第2章　AIの応用

■「AI」「ディープ・ラーニング」の応用　●瀧本往人 38
　日常の暮らしに浸透しはじめた「AI」／「画像」「映像」関連と「ディープ・ラーニング」

■「AI」の応用　●nekosan 47
　「AI」を利用した画像処理／会話／証券取引／自動運転技術／「AI」と「軍事」

■さまざまな「AIサービス」　●本間一 58
　Cloud AutoML／Zinrai／NEC Advanced Analytics／ロボティック・オートメーション／
　Cognitive Services／「Windows Update」に「AI」を導入か

■AIコンビニ　●本間一 66
　Amazon Go／簡単に万引きできてしまう？／スマートストア

■「カメラ技術」最前線　●某吉 72
　Google Clips／進化した監視カメラ

CONTENTS

第3章　AIの技術

■ソニーの「ディープ・ラーニング」　●初野文章 …………………………………… 74
積み重ねてきた成果を一般公開／「Neural Network Console」を使ってみる

■Emotion API　●清水美樹 …………………………………………………………… 81
「Emotion API」とは／Web上で試してみる

■「ディープ・ラーニング」と「音声処理技術」　●勝田有一朗 ………………… 89
「ディープ・ラーニング」の得意分野／「複数話者」の「同時音声」分離／「ディープ・ラーニング」による、強力な「音声ノイズ除去」

■「AI」を用いた「医薬品候補 化合物」の探索と設計シミュレーション　●勝田有一朗 ………… 95
莫大な「費用」と「時間」を要する「創薬」／新たな「候補化合物」を「探索・設計」／異なるさまざまな「候補化合物」を見つける／「AI-AAM」実証試験の成果／今後の展望

■「AI技術」を支えるハード&ソフト　●arutanga …………………………… 102
膨大な処理を行なうのにうってつけな「GPU」／インテル、ARM、バイドゥも力を入れる「AIプロセッサ」／「FPGA」「ASIC」「TPU」とは／「AI開発」に使えるプログラミング言語／AI開発向けAPI（ハード向け）／手軽に「AI」を使える「Web API」

■各社の「AIチップ」　●勝田有一朗 ……………………………………………… 110
Amazonが「AIチップ」の開発に着手／「AIチップ」の役割／NVIDIAの「AIチップ」／インテルの「AIチップ」／グーグルの「AIチップ」／アップルの「AIチップ」／ファーウェイの「AIチップ」

第4章　「AI」とセキュリティ

■「AI」の問題点　●arutanga …………………………………………………… 118
問題点の洗い出し／安全性、危険性の問題／「人間性」の問題／「過剰な効率化」の問題

■「AI」が起こした事件　●御池鮎樹 …………………………………………… 126
革命的進化を遂げる「AI」／死者も出た「自動運転システム」／「朱」に交わって「赤く」なった「AI」／AIの問題点

■テクノロジーの悪用と脆弱性　●瀧本往人 …………………………………… 134
ウイルス対策ソフトと「人工知能」／「マップ」による追跡／新たな方向性の模索／「ネット犯罪者」と「人工知能」／「人工知能」を使った攻撃／「人工知能」の脆弱性

■ディープ・フェイク　●御池鮎樹 ……………………………………………… 143
「事実」より「感情」が優先される「ポスト真実」の時代／「ディープ・ラーニング」と「第3次AIブーム」／「事実」をねつ造できる「ディープ・フェイク」／そう遠くない、確実にやってくる未来

■「AI」は誰のものか　●本間一 …………………………………………………… 150
経済効果への期待／政府の方針／危機管理／違法出品の検知／「AI」で働き方は変わるのか／「シンギュラリティ」へのカウントダウン／労働状況の変化／「AI」は誰のためにあるか

索引 ……………………………………………………………………………………………… 158

●各製品名は、一般的に各社の登録商標または商標ですが、®およびTMは省略しています。

第1章

AIの基本

最近では「AI」という言葉をよく耳にするようになりました。
ところで、実際に使われている「AI」とはどういうものでしょうか。
ここでは、「AIとは何か」「どのようなものがあるか」「歴史と現状」などを解説します。

「AI」のおさらい
「AI」の種類と歴史

「AI」の基本的な意味と、その歴史について「おさらい」していきましょう。

●勝田 有一朗

■ 「AI」とは

● 生活に溶け込む「AI」

「AI」(Artificial Intelligence：人工知能)という言葉がSF映画の中だけでなく、日常生活の中でも普通に聞かれるようになった昨今。

一般的に、「AI」と聞くと、自分で考えをもつコンピュータであったり、ロボットであったりをイメージしますが、まだそのような高度な「AI」は実用化されていません。

＊

現在、研究が進み実用化されている「AI」の技術は、「AI」のひとつの側面にすぎず、さまざまなアプリケーションの土台を支える「縁の下の力持ち」的な役割を担うものが大半です。

したがって、「AI」が私達の目に直接触れる機会は少ないのですが、それでも着実に、私達の生活に「AI」を活用した技術は溶け込んできています。

利用しない日は無いとさえ思える「検索エンジン」
溜め込んだデータの管理や、適切な検索結果の提示に「AI」が応用される。

そして「AI」という新しい技術が私達の身近な存在になれば、そこには何かし

らの新しい歪みも生じるのではないか？…という点を探っていきましょう。
＊
　ここでは始めに、「AI」とはどういうものか、基本的な部分からの「おさらい」や、その歴史について紹介していきます。

●「AI」の定義

　さて、「AI」とひと口に言っても、活躍する分野は多岐に渡り、さまざまな種類の「AI」が存在します。

　先述した「自分で考えをもつコンピュータ」も「AI」の1つですが、その他にも「囲碁や将棋、チェスで人間のプロをも負かす強力なコンピュータ」や「自動車などの自動運転を担うコンピュータ」なども「AI」の一種です。

　多岐にわたる「AI」を指して、「AIとは○○である」と定義付けするのは非常に難しいというのが、現状です。

　研究者や研究機関によっても、その解釈や認識にズレがあることは、研究者自身が認識している事例のようです。
　「AI」の定義については、ざっくりと「コンピュータに人間のような知能や知性をもたせること」という感じにまとめられることが多いようです。
　ここまで来ると、そもそも「知能」や「知性」とは何なのか、という哲学的な領域にまで踏み込んでしまい、そこを理解したいために「AI」の研究を続けている研究者も少なくないようです。

●「AI」＝「学習」

　このように定義付けの難しい「AI」ですが、「AI」と名乗るために欠かせないキーワードがひとつあります。それが「学習」です。
　「AI」は外部からの情報を「収集」「解析」「判断」し、自らの評価基準を変化させていくことが不可欠です。
　学習して成長するものが「AI」である、と言ってもいいくらいでしょう。

　「学習」には、とにかく大量のデータを溜め込み、そこからルールや知識をコンピュータが見出す「機械学習」や、画像認識などで強力な力を発揮する「ディープ・ラーニング」(深層学習)などがあります。

第1章　AIの基本

＊

　特に「ディープ・ラーニング」は近年の「AI」ブームの立役者とも言える存在です。
　「ディープ・ラーニング」は「ニューラル・ネットワーク」(生物の脳機能に見られるいくつかの特性をコンピュータ上でシミュレーションしたもの)を用いて学習を行ない、膨大なデータの中から「特徴量」(本質的部分)を自ら見出すことのできる技術です。

　従来なら、人間が「データのここが重要」とひとつひとつ入力しなければいけなかったところを、コンピュータ自らが重要部分を導き出せるようになりました。
　これにより、人の手を借りなくても世の中にある膨大なデータをコンピュータが勝手に知識として溜め込んでいくことが可能となったのです。

　「ディープ・ラーニング」とは「機械学習」の前に、データを自分自身が分かる形に整理するのに役立つ技術と言えるかもしれません。

　とにかく「AI」の賢さは溜め込んだデータ量に比例すると言ってもよく、「ディープ・ラーニング」の登場により「AI」は格段に進歩しました。

＊

　そして「ディープ・ラーニング」は「画像解析」などで強力な力を発揮します。

　これまで「AI」の学習にとって最もネックだった部分は「視界」(画像)の情報化でした。
　そこに何が映っているのか理解できなければ、学習のしようがありません。

　しかし「ディープ・ラーニング」の登場によって「AI」の「画像認識力」は大幅に向上し、自動車の自動運転など視界が重要な分野にも「AI」が進出できるようになったのです。

■ 「AI」の研究分野

　「AI」に必要となる研究は多岐にわたり、さまざまな研究を組み合わせることで高度な「AI」が完成します。

＊

　「AI」の働きを機能別に切り分けるとするならば「①識別」「②予測」「③実効」に分けるという考え方があり、それぞれに次のような研究分野があります。

---

①識別
《画像認識》
　カメラで撮影した画像や動画から意味を見出す。「ディープ・ラーニング」の登場により大きく飛躍した。

《音声認識》
　マイクより入力した音声をコンピュータが識別できるようにする。すでに高いレベルで実用化されている。

スマホから使える音声認識技術も「AI」が応用されている。

《自然言語解析》
　文章をコンピュータに理解させる。「音声認識」やコンピュータとの会話を行なう「チャットbot」などで応用される。

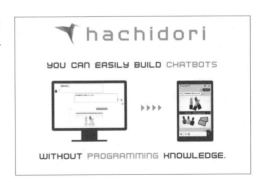

プログラム不要で「チャットbot」を製作できるサービス「hachidori」
(hachidori(株)プレスリリースより)

第1章 AIの基本

②予測

推論	いろいろなデータからルールを導き出し、矛盾の無い答えを導き出す。
探索	データの集合から条件に合うものを探し出す。「機械学習」や「推論」の基盤となる。
データ・マイニング	「データベース技術」と「機械学習」が融合したもの。大量の整理されていないデータから有用な情報を見つけ出す技術。

③実効

表現生成	「AI」が下した判断を的確に表現する。
機械制御	ロボットや自動車など、機械の制御を行なう。
プランニング	自分の取った行動とその結果を分析し最適化を図る。物事の順位を決定付け、「AI」をより賢くするために必要となる。「遺伝アルゴリズム」などが用いられる。

*

 以上の分野はそれぞれが独立しているわけではなく、各分野の実現には他分野の研究が必要だったりと、必要な技術が複雑に絡み合っています。
 これが「AI」という分野を分かりづらくしている要因かもしれません。

■ 「AI」の分類

 このように内情が複雑な「AI」ですが、その「AI」を大まかな種類で分類しようとすると、次のキーワードが登場します。

①「弱いAI」と「強いAI」

 「弱いAI」とは、あらかじめ決められた枠内のみで思考する「AI」を指し、その決められた枠内であればすでに人間を凌駕する「AI」も存在します。
 しかしながら「弱いAI」がいくら高度になったとしても、あくまであらかじめ人間が決めた事以外は何もできないため、人間の能力を補佐、拡張する「AI」と言われています。

*

 一方「強いAI」は人間のように思考、認識、理解し、人間のような推論、価値判断を下すことのできる「AI」です。
 いわばコンピュータに「精神」が宿り、自らの判断で人間が与えた以上のこ

とを実行する「AI」です。

②「専用AI」と「汎用AI」

　「専用AI」は、決められた個別の領域に特化して能力を発揮する「AI」です。
　「ゲーム思考」「画像認識」「自動運転」などなど、特定の分野に特化した「AI」を指す言葉です。

　「汎用AI」は、何かに特化した「AI」ではなく、その場で新たな知識を獲得しながら未知の事態にも対応する力を持つ「AI」です。
　新しいことを教えたり経験することで、どのような分野にも力を発揮できるのが特徴です。

＊

　これらのキーワードで2軸の分布図を作ると、現在の「AI」の多くは「弱い専用AI」に属することが分かります。

　逆の「強い汎用AI」になると「あらゆる分野に応用可能で、自らの判断で学習や判断を行なう」ということになります。
　これは、人間の判断力にコンピュータの記憶力を備えた、もはや「人間を超えたAI」が誕生するということです。

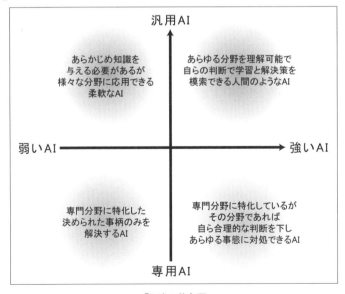

「AI」の分布図

第1章　AIの基本

「強い汎用AI」はまだ実現できておらず、どうすれば実現できるのかさえまだ不明な分野です。

これの実現が「AI」研究の最終目標と言えるのかもしれませんが、このような「AI」が登場したとき人間社会はどうなるのか、まだ「SF映画」の範疇でしか想像ができません。

■ 「AI」の歴史

「AI」の未来像について少し垣間見えたところで、これまでの「AI」の歴史についても振り返ってみることにしましょう。

①「AI」の夜明け（1950年代）

「AI」は現在でも最先端の研究分野ですが、その登場はかなり古く1950年代まで遡ります。

1950年にアラン・チューリングがかの有名な「チューリング・テスト」※を考案し、真の知性をもつ機械を創り出す可能性について、初めて真面目に取り組みました。

その後1956年に人工知能研究が学問分野として確立され「AI」が誕生したのです。

> ※コンピュータが知的であるか判断するテスト。

②第一次「AI」ブーム（1950年代後半～1970年ごろ）

コンピュータ黎明期ともいえる1950年代後半～1970年にかけて、最初の「AI」ブームが発生します。

当時開発されたさまざまなプログラムでは「推論」や「探索」が可能になり、特定の問題に対してコンピュータが答をもつことができました。

これによりコンピュータが自然言語を理解して会話するなど、当時の常識から考えればかなり驚異的なことが実現できました。

コンピュータのさまざまな応用先が次々と発見された時代でした。

当時の研究者らはとても楽観的で、「あと20年もすれば、完璧に知的なコンピュータが登場するだろう」と考えており、政府機関などもコンピュータの

新しい分野へ莫大な資金を投入していました。

③第一期「AI」冬の時代（1970年代中盤～1980年ごろ）

　1970年代に入ると、研究者らは「AI」研究に立ち塞がる壁がいかに高いものであるかという現実に気付きます。

　新たな課題（組み合わせ爆発やフレーム問題など）が見つかったり、単純な「コンピュータ・パワー不足」といった問題が噴出し、やがて「AI」研究への資金供給は途絶え、ブームは終了します。

④第二次「AI」ブーム（1980年代）

　多くの知識を入力して専門分野に特化させた実用的な「AI」（エキスパート・システム）が登場し、さまざまな企業で活用されるようになりました。

　実利のある「AI」の活用は大きなブームになりました。

⑤第二期「AI」冬の時代（1980年代後半～2000年代前半）

　このころの「AI」は、まだ自分で知識を集めることができず、人の手によってさまざまなデータをコンピュータに理解できる形式として入力してやる必要がありました。

　必然的に活用可能な知識量は特定の領域に限定されることになり、「AI」の活用範囲もごく限られたものに過ぎませんでした。

　こうしたことから1980年代後半になると「AI」ブームも収束しはじめ、1990年代へ入るころにはバブル崩壊のごとくブームは終焉してしまいました。

*

　そこから約20年、「AI」の冬の時代が続くことになります。

　その間には1997年の「ディープ・ブルー」によるチェス世界王者への勝利など、スポット的なニュースはあったものの、「AI」がブームになるには至りませんでした。

第1章 AIの基本

⑥第三次「AI」ブーム（2006年～現在）
そして現在は第三次「AI」ブームの只中にあります。

ブームの火付け役は「ディープ・ラーニング」の発明で、この発明により「AI」の世界は大きく変わりました。

ついには人間を超える「AI」によって引き起こされる「シンギュラリティ説」までまことしやかに語られるようになりました。
「AI」への期待値はかつてないほど高まっていると言っていいでしょう。

こうして見ると、現在の「AI」への加熱ぶりは、第一次「AI」ブームのそれと似ている部分があるのかもしれません。

第一次「AI」ブームの際には、夢を実現できるほどコンピュータが高性能ではないという現実に気が付き、ブームは終焉しました。

その点で今回の第三次「AI」ブームはどうかと考えると…、
・年々強力になるコンピューティング・パワー
・「ビッグデータ」「クラウド」技術
など、昔には無かったパーツが揃っています。

*

これだけの技術の下に、私達の生活をガラリと変えてしまう高度な「AI」が誕生するのでしょうか。
それとも、未来から振り返ると「そんな「AI」を実現するにはぜんぜん至らなかった」……となってしまうのか。

「AI技術」の現状
ブームはまだまだ続く?

ブームに乗って進化を続ける「AI技術」。その現状を考えていきましょう。

●勝田 有一朗

■ 現在「第三次AIブーム」真っ只中

●「AI」という言葉が身の回りに溢れる現代

　ここ数年、「AI」(Artificial Intelligence:人工知能)という言葉が急激に身の回りに浸透しました。

　テレビからは「機械学習」や「ディープ・ラーニング」といった専門用語も時折聞くようになっています。

　「AI」はIT産業の花形に躍り出ており、世界有数の巨大企業をはじめ、多くのIT企業が「AI」の発展に予算を注ぎ込んでいます。

　私達の生活にも「AI」が浸透しつつあり、多くの人々は「AI」のもたらす未来に、多くの期待とわずかな不安を抱えて暮らすようになったのではないでしょうか。

　「スマート・スピーカー」のように、「AI」の象徴とも言うべき「モノ」が家庭に自然と入り込むようになってきた

● 過去繰り返されてきた「AIブーム」

　コンピュータの歴史において、「AI」がブームになったのは今回が初めてではありません。

　今回のブームは「第三次」と言われており、これまで2回の「AIブーム」がありました。

第1章 AIの基本

では、現在の「第三次AIブーム」はどのようにして起きたのか。
その経過を振り返ってみましょう。

● 「ディープ・ラーニング」の登場

「第三次AIブーム」は、2000年代から始まります。

以前は、「AI」に対して人の手で知識をプログラミングしなければならなかったものが、「機械学習」の登場によって学習をコンピュータまかせにできるようになります。

同時に「クラウド」や「ビッグデータ」といったネット上の膨大な情報を利用する技術が確立されたことで、「AI」の知識量が飛躍的に伸びました。

そして、「第三次AIブーム」の真の立役者とも言うべき「ディープ・ラーニング」が登場します。

「ディープ・ラーニング」は人の手を煩わせることなく、どんどん勝手に賢くなっていきます。

これは、特に画像や音声などの「認識AI」分野で強力な武器となり、「第三次AIブーム」の礎となったことは確かでしょう。

*

そして2015～2017年にかけて、Googleの「AlphaGo」が囲碁のトッププロ棋士を倒した出来事が、人々に「AI」への大きな関心をもたせました。

「AlphaGo」は、学習に「ディープ・ラーニング」を用いており、ここから「ディープ・ラーニング」が広く認知されたように思います。

その後、「ディープ・ラーニング」は「自動運転技術」や「仮想パーソナル・アシスタント」など未来の技術に必要なものだと広く知れ渡るようになり、「AI」に対する期待が高まって、現在も「AIブーム」は続いているのです。

日々お世話になっている人も多い「仮想パーソナル・アシスタント」も、クラウドの「AI」があってこそ

●「第三次AIブーム」は終息しない？

　さて、ここまでブームが広がると、過去の例から見て、いつバブルが弾けてしまうのか心配になってしまいます。

　しかし、今のところは、上手にコントロールされているように感じます。（「シンギュラリティ」など、過剰な期待感もありますが）。

　その理由は、大きく2つ考えられます。

①さまざまな「AIアプリケーション」が実装され、具体的な成果を挙げている

　すでに多くの「AIアプリケーション」が動作し、さまざまな成果を挙げています。

　過去のブームにおいて、「AI」は限られた一部でしか活用されず、ここまで広く「AI」が利用されることはありませんでした。

②誰でも「AI」を活用したサービスを開始できる

　世界トップの「クラウド・プロバイダ」が、こぞって「AI機能」を一般に提供しています。

　専門研究者だけでなく、誰でも「AI技術」に触れることができ、これを「AIの民主化」と謳(うた)っています。

　このように「AI」と実社会はすでに深く交わっており、「AIは実益のあるしっかりとした技術、でも将来的にも何かスゴくなりそう」といったように、いい具合に期待がもたれているのではないでしょうか。

第1章　AIの基本

■「機械学習」と「ディープ・ラーニング」

次に、少し技術的な部分にも目を向けましょう。
ここでは、「第三次AIブーム」を支える中核技術ながら、それぞれの意味が曖昧になりがちな「機械学習」と「ディープ・ラーニング」について簡単に解説します。

●「学習」と「推論」

「AI」の動作は、大きく「学習」と「推論」の2フェーズに分かれます。

「学習」はさまざまな知識を取り込み、問題を解決するための手がかりを作り出すフェーズで、「推論」は「学習」で得た手がかりをもとに、与えられた問題に対して結果を出力するフェーズです。

どちらも重要ですが、「機械学習」「ディープ・ラーニング」は「学習フェーズ」に属する技術となります。

●「機械学習」とは

「機械学習」は、人の手で明示的にプログラミングしなくても、特定のアルゴリズムに則ってコンピュータが自発的に学習を進める技術の総称です。
与えられたデータの解析結果を基に、自分自身のアルゴリズムを改善することで、どんどん効率的に学習を進められるようになります。

●「ディープ・ラーニング」とは

「ディープ・ラーニング」は「ニューラル・ネットワーク」を発展させたもので、「機械学習」のアルゴリズムの1つになります。

「ニューラル・ネットワーク」は、人間の脳の「ニューロン」の振る舞いを数学的に模倣したモデルで、その考え方は1940年代に登場した古い技術です。
脳の「ニューロン」同士は複雑に相互接合しあい、それぞれの結びつきの強さから情報処理を行ないますが、それをコンピュータで処理しやすいようにモデル化したものが「ニューラル・ネットワーク」です。

よく見られるモデルは「入力層」「中間層」「出力層」の3層に分けられたモデ

ルで、それぞれの「ニューロン」は相互接続されます。
　ここで、「出力層」に望んだ結果が出るよう各「ニューロン」のパラメータを調整することが、「学習」にあたります。

　そして、この「ニューラル・ネットワーク」の「中間層」を多層化すると、より深く学習できることが発見されました。
　これが、「ディープ・ラーニング」です。

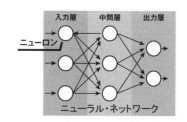

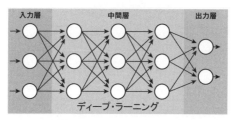

「ニューラル・ネットワーク」の中間層を多層化したものが「ディープ・ラーニング」

　「ディープ・ラーニング」は与えられた膨大なデータから自動的に重要な部分(特徴点)を見つけ出すことに長けており、これが画像認識に大変役立ちます。

　たとえば、他の「機械学習」では、画像の見分け方について多少なりともヒントを与える必要があります(「色に注目しろ」など)。
　しかし、「ディープ・ラーニング」では与えられたデータ群から「あれ、これは色が重要じゃないか？」と勝手に気付き、以後は色を重点的に学習するようになるのです。
　これは学習する際の人の手間が省けるほか、人間の先入観によらない独自の判断点を見つけられるなど、さまざまなメリットがあります。
　(その代わり、多くのマシン・パワーを要する)。

　この「ディープ・ラーニング」の登場で、「AI」は一気に進化しました。

第1章 AIの基本

■ 「本物の知性」を求めて

かなり進化したと感じる「AI」ですが、その多くは画像や音声など「認識に関わるAI」であり、本当の意味で「知性のあるAI」が存在しているかというと、それは難しいところでしょう。

このような話題に関連し、「AI」について次のようなキーワードがよく出てきます。

● 「弱いAI」と「強いAI」

「弱いAI」とは、あらかじめ決められた枠内のみで思考する「AI」です。

「弱いAI」がいくら高度になったとしても、あらかじめ人間が決めたこと以外は何もできません。

「強いAI」は人間のように思考、認識、理解し、人間のような推論、価値判断を下すことのできる「AI」です。

自らの判断で、人間が与えた以上のことを実行する「AI」です。

● 「専用AI」と「汎用AI」

「専用AI」は、決められた個別の領域に特化して能力を発揮する「AI」です。
「画像認識」「自動運転」など、特定の分野に特化した「AI」を指す言葉です。

「汎用AI」は、何かに特化した「AI」ではなく、その場で新たな知識を獲得しながら未知の事態にも対応する力をもつ「AI」です。

*

こうしてみると、現在実用化されている「AI」は、ほぼすべてが「弱い専用AI」ということになります。

逆に「強い汎用AI」とは、人間のように判断し自ら進化する「AI」になります。

このような「AI」には、「本物の知性」が宿っていると考えられています。

*

とは言うものの、「AI」への過剰な期待はブーム終焉の危機でもあります。

「強い汎用AI」への憧れは一時置いて、「弱い専用AI」のさらなる進化を見守るくらいが、いいスタンスなのかもしれません。

「AI」の手法

「機械学習」「データ・マイニング」「ディープ・ラーニング」「強化学習」

昨今、「AI」の手法開発が進んできています。ここでは、「AIの手法」の概要をそれぞれ紹介していきます。

●ドレドレ怪人

■ AI普及以前の計算機の仕事

　世界初のデジタル式電子計算機「ENIAC」は、弾道計算を行なうため開発されたと言います。

　従来、電子計算機は、物理現象などの数値計算に資するため、開発が進められてきました。

ENIAC(Wikipediaより)

　こうした数値計算の例として、「あるデータ群を実現する数式を求める」というところから考えてみましょう。

*

　たとえば、次の表を実現する数式です。

x	f(x)
0	1868
1	1911
2	1925
3	1989

$$f(x) = ax^3 + bx^2 + cx + d$$

第1章 AIの基本

　4つのデータ対があり、方程式が4本作れる勘定です。
　方程式の未知数は4つまで盛り込めます。
　「n-1次」の「多項式方程式」には、「n個」の「定数項」を盛り込めます。
　ですから、この表を実現する方程式ならば、「4-1=3次多項式」で足りそうです。

> ※実際には、「$f(0)=d=1868$」となり、未知数はさらに減らせるのですが。

　ここに至り、上記の多項式の「定数項」を「計算によって同定する」という目的にまで絞られました。

　上の表の数値を代入すると、4つの「線形連立方程式」が得られ、簡単な行列計算で解が得られます。

*

　多項式では表現できない「モデル式」の場合でも、「ニュートン・ラフソン法」によって数値解を得ることができます。

*

　「ミニコン」や「スパコン」などは、「線形代数処理」によって、大規模な「連立方程式」などの数値解を得るために用いられていました。

● 回帰分析

　「センス・データ」がぴったりと方程式に従うことは稀です。
　方程式を同定するには、「センス・データ」との誤差を小さくするように方程式の「定数項」を設定しなければなりません。

*

　そうした場合に用いられるのが、「回帰分析」という手法です。

　「回帰分析」は、「センス・データ点」と「方程式の実現値」との「差」（残差）を小さくするように、方程式の定数項を決める、「推測統計学的」な手法です。
　「センス・データ」の多くは「離散値」ですが、「センス・データ群」の示す方程式の「定数項」が決まれば、「センス・データ群」の「連続値」が推定できます。

■ 統計的アプローチ

「回帰分析」は、「推測統計学」的な手法と述べました。

＊

「統計学」では、「自然発生的なデータは正規分布を採る傾向がある」とされ※、さらに、大量のデータ群では、「中心極限定理」という仕掛けにより、「正規分布」を用いてデータ集団を扱える、とされています。

> ※最新の統計学では「正規分布」ばかりではない、という説もあるようです。

「推計統計学」では、主に「正規分布」を用いることで、「標本集団」から「母集団」の推計を行ないます。

「標本集団」(サンプル・データ)を取り込み、その「標本集団」の「平均値」「分散」などを計算することで、その「サンプル・データ」がどういった「母集団分布」からの標本なのか、ということを推定するのです。

＊

「大数の法則」と言って、「標本数」を多くすればするほど、「母集団」の分布に近くなるのですが、常に標本が多く取れるとは限りません。

そこで、少ない標本数から、「母集団」の推測を行なうのです。

統計的に、サンプル数に応じて、(正規分布する)「母集団」の推測値がある範囲に収まる「確率」が分かっています。

その確率を元に、「母集団」の推測を行なうのです。

＊

選挙の「出口調査」というのがあります。

投票所の出口で待ち構えて、投票した人に「どういった投票をしたか」とアンケートを採って、実際の選挙の結果を推定するものです。

こういった標本調査では、標本を「1000〜2000」程度取り込むと、かなりの高確率 (0.95, 95%) で、投票行動の「区間推定」が可能と言います。
(同時に、0.05, 5%程度は「ハズレ」になる可能性がある、ということでもあるのです)。

＊

今日はWeb時代とあって、ネットワーク上には大量のデータがあり、統計処理の視点からは「データ取り放題」ではあります。

しかし、データが多く存在していると言っても、データそのものの偏りも

第1章 AIの基本

ある場合があり、時と場合を熟慮しないと、恣意的なデータに翻弄されてしまうこともあります。

■ 機械学習

「機械学習」は、AIの基礎をなすもので、「(機械が)外界から情報を取得し、その情報から自律的に学習を重ねていく」という考え方です。

● LISP

「LISP」(List Processor)は、「トークン」(シンボル)を「アトム」としたデータ、そして、「アトム」などを要素とした「リスト」として扱う言語です。

「プログラム」も「S式」(Symbolic Formulae)というリストとして構成していて、プログラムそのものを自ら改変できる特徴を持ち、開発当時は「人工知能のアセンブリ言語」と言われていました。

● ANIMAL

「LISP」では、知識データベースの一例として「ANIMAL」というプログラムが書かれたりしました。

*

「ANIMAL」では、最初に基本的な知識データを用意しておきます。

そして、「ANIMALプログラム」が使用者との受け答えを行ない、知識データから、その問いに対するデータを返答するのですが、当初は基本的なデータしかありません。

そこで、使用者が「そのデータではない」と回答すると、プログラムは「どういう理由で違うのか」と返答。

そこで使用者が理由を入力することで、その理由とともにデータを登録していく、というものです。

こうしたサイクルを繰り返すことで、「ANIMAL」の知識データが充実していくものです。

「AI」の手法

● Prolog

また、「論理節」をプログラミングによって実現する「Prolog」(Programming in Logic) という言語も考え出されました。

「論理節」を「知識データベース」として記述していき、「命題」を与えると、「論理節」を検索し、「命題」に対する回答を「論理節」を元に「計算」するものでした。

*

過去には、こうしたプログラミング言語のアプローチがありました。
これらの言語研究で重要なのは、

・プログラムの自己改編性による「学習」機能の実装 (LISP)。
・「論理節」をデータベースとして扱うことによる、「データ・ドリブン」なプログラムなプログラミング (Prolog)。

と言えそうです。

今日では、こうした考えも含めて、「機械学習」の手法が広く研究されています。

*

以下、「機械学習」をベースとしたさまざまな手法を見ていきましょう。

■ データ・マイニング

「データ・マイニング」(Data mining) は、データ群から統計的な手法などを用いて、そのデータ群の語るものを探しだす手法、と言えそうです。

*

「データ・マイニングの有名な例として、1992年の「WSJ」の記事「Supercomputer Manage Holiday Stock」が各所で引き合いに出されています。

「おむつとビール」と検索すると出てくる事例だそうですが、およそ、こんな話です。

あるスーパーマーケットでは、販売情報の集計によって、「紙おむつ」と「ビール」を一緒に買っていく顧客が優位の差で認められる、というデータが引き出されました。

第1章　AIの基本

> 「何でまた、紙おむつと缶ビールが一緒に買われているの？」

　その理由を探るべく、顧客にアンケートを採ったりすると、次のことが分かりました。

> 「紙おむつのような重くてかさばるものはダンナに買いに行かせればいいのよ。で、ダンナが紙おむつを買いに行ったら、ついでに缶ビールも買ってきちゃうのよ」

　これにより、「紙おむつ」の隣に「缶ビール」を陳列して、両方の売上を伸ばした、という事例だそうです。

　これは、「WSJ」の記事であり、真偽は定かではありませんが、「データ・マイニング」というものの感触が伝わる話題です。

＊

　「データ・マイニング」は、（大量にある）データから、そのデータ中に存在する特異的な傾向を検出する、統計的手法です。

　一方で、「推計統計学」では、「よくあること」と「滅多にないこと」の判別（「仮説検定」と言います）を行なうのですが、その「滅多にないこと」の原因、因果関係までは言及できません。

　「データ・マイニング」は、データの示す特異性を検出することに使われるのが主な用途でありますが、その結果から、結果の背後にある因果を探る「きっかけ」を与えることにもつながるものです。

「AI」の手法

■ ディープ・ラーニング

　脳の「ニューロン」を模した数値的モデルを用意します。
　それぞれは単純な構造をもっているのですが、このモデル「ニューロン」を複数並べて、複数の入力を同時並行的に処理させるのが「ニューラルネット」なのだと言います。

　「ディープ・ラーニング」(Deep Learning；「深層学習」)は、「ニューラルネット」を多層的に用いることで、データの性向を見極めようとする技法です。

*

　「ディープ・ラーニング」では、まず「判別の根拠となる情報」を大量に与えて、「ニューロン」「ニューラルネット」を鍛える、というか「最適化」する過程があります。
　「判断材料」を与えるのです。

　そうして準備しておいたところで、「未知のデータ集団」に「どういった性向があるか」「どういった配分になっているか」を判断基準となる情報と比較することで、「データ集団の性向」を識別させるイメージです。
　反物などの真贋を見極める「目」などは、反物を数多く見ることで培われる、と言いますが、そんなイメージでしょうか。

*

　定式的に説明できない事象から、特異性を抽出します。
　写真などの画像もデジタル化によって、色の情報のデータ集団となります。
　「標本数値集団」と、識別の根拠となる「データ集団」とを比較、データの性向を抽出することで、「画像識別」などを行ないます。

■ 強化学習

　「強化学習」(Reinforcement Learning)は、選択可能な複数の手段の選択を行なう際に、手段を選択したことで得られる「報酬」をできるだけ多くする、という方向で手段を選択するように学習させるという手法です。

[1]「エージェント」(要は「人工知能」のこと)が、環境の状況を観察。

[2] 選択可能な複数の手段の内から、「どの手段を選択すると<報酬>が最大になるのか?」という基準で手段を選定し、行使。

[3] 手段を行使することでエージェントは報酬を獲得し、次の環境へ移る。
そして、[1]へ戻って、このサイクルを繰り返して、手段選択の「学習」を進める。

これは、「エージェント」が「環境条件」を元に「自発学習」を進めていく、というものです。

「学習」の過程(「Q学習」など)など、細かいところがイデアルな形を取っていたり、背景となる理屈は、ここまでの話題と同様、大変奥深いものがありますが、詳細は省きます。

■ 道具立て

さまざまな手法が研究され、そういった手法を使うための道具立ても開発されています。

●ハード

「数値計算」を大量に行なうこともあって、GPUの援用 (GPGPU；General Purpose GPU computing)が行なわれていました。

ところが、GPUのアーキテクチャが「ディープ・ラーニング」に最適化されていない場合があったり、ある種の「ディープ・ラーニング」では倍精度の浮動小数点演算ほどの精度は不要であったり、さまざまな問題もありました。

*

「Google」や「NVIDIA」「Intel」は、AIの技術に供するための専用のプロセッサの開発を進めています。

Intelは、買収したMovidius社のプロセッサ「Myriad 2」を採用した「Neural Compute Stick」を発売しました。

「AI」の手法

Movidius Neural Compute Stick
https://developer.movidius.com/

　PCに「USB 3.0」で接続するもので、価格も$80（日本円でも10,000円程度）と、ホビーユースにも嬉しい価格になっております。

＊

　また、英国ARM社も、AIプロセッサのインターフェイス仕様を盛り込んだARMアーキテクチャ「Cortex-A75」「Cortex-A55」を公開しました。

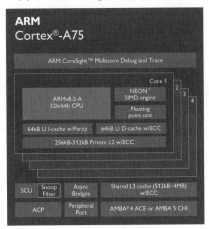

Cortex-A75の仕様

● ソフト

　「推測統計処理」を基本にしているところも多く、「統計処理アプリ」が広く使われています。

オープンソースのツールとしては、統計処理環境「R」があります。
また、画像処理を基本としている「OpenCV」もあります。

http://opencv.org/

さらに、Googleが提供する「TensorFlow」などのフレームワークがあります。

https://www.tensorflow.org/

*

プロセッサの機能も向上し、ネットワークなどから大量のデータを取得できる時代となって、AIの手法もさまざまな研究がなされています。

自動車の「自動運転技術」のように、社会、生活にも流入してくる成果が増えてきています。

しかし、与えるデータが良質なものか、そうでないかによって、AIの性向も変化してしまいます。
特に、恣意的な情報を与えることで、AIの性向を誘導できるのです。

*

昔、昔のその昔、というほど古い時代ではありませんが、社会にコンピュータが「電子頭脳」として普及し始めたころの話。

「正確なデータを弾き出す電子頭脳に誤りはありえない」というのは、普通に暮らしている人々の感覚でしたが、今日、PCやスマートフォンを使いこなす御時世とあって、こうした盲信はなくなったかのようです。

そんな今日にあっても「Alpha Goがプロ棋士を負かした」などという報道があって、このころの「電子頭脳」が、こんどは「AI」に置き換わってしまったかのようです。
しかし、AIの発展しつつある今日でも「Garbage In, Garbage Out」は変わりません。

「ニューラル・ネットワーク」の原理の基礎

「人工ニューロン」の仕組み

「ニューラル・ネットワーク」と「深層学習」は、現時点において、「画像認識」「音声認識」「自然言語処理」などの分野の問題に対して、もっとも優れた解決策を与える手法です。

●高木 聡

■「ニューラル・ネットワーク」の利点と欠点

ここで「ニューラル・ネットワーク」の利点と欠点を以下に示します。

■利点

①あらゆる関数を近似できる。

■欠点

①大量の処理が必要
　CPUのみだと明らかに速度が足りない。

②開発には特別な知識が必要
　多次元行列（テンソル）の表現と計算についての深い知識が必要である。画像処理、音響処理などになると、その分野の専門知識が必要である。

③機械学習分野の専門学者の経験則によって採用されるアルゴリズムが多い
　長年の研究の結果によって採用されたアルゴリズム（コスト関数など）が多い。
　これからもそのような新しいアルゴリズムが開発されると予想される。

第1章 AIの基本

解決したい問題ごとに適したモデルがあるが、中には「何故かは分からないけど、うまくいった」モデルもあるようなので、新しくかつ複雑なモデル設計は手探りでしなければならない、という側面がある。

■「ニューラル・ネットワーク」の原理の入門の入門

●「ニューラル・ネットワーク」は人間の脳を真似ている

まず、「ニューラル・ネットワーク」は人間の脳を模倣したものです。

人間の脳の中には、「ニューロン」という神経細胞が千数百億個あり、各「ニューロン」が「シナプス」と呼ばれる接合部位によってつながっています。

「ニューロン」は入力される電気信号の閾値がある一定の量を超えると発火し、「シナプス」によって次の「ニューロン」に電気信号を出力します。

この動作の連続により、脳は信号の伝達を行なっています。

このニューロンを模倣した「人工ニューロン」のモデルを図に示します。

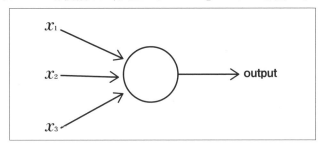

「人工ニューロン」のモデル

「あなたが週末、野外コンサートに行くかどうか（1か0か）」という問題を「ニューラル・ネットワーク」で表現してみましょう。

ここで、あなたの判断に影響を及ぼす要因は3つあるとします。
①天気が良いか？
②あなたの友人たちも一緒に行きたがっているか？
③コンサート会場は駅から近いか？

これら3つの要因を「1」か「0」で表現します。

たとえば、天気が良いなら「1」、天気が悪ければ「0」になります。
同じく、友人たちが行きたがっているなら「1」、そうでないなら「0」です。
③も同様で、コンサート会場が駅から近ければ「1」、そうでないなら「0」とします。

*

次に、これら要因の「重要度」を「重み」として決めます。

あなたは音楽が好きで、駅から遠かろうが友達がなんと言おうが、喜んでコンサートに行くつもりだとします。
一方、あなたは雨が大の苦手で、天気が悪かったら絶対に行くつもりがないとします。

人工ニューロンは、このような意思決定を表現できます。一つの方法は以下のようになります。

①の重み：6
②の重み：2
③の重み：2

そして、閾値を「5」とします。

以上のパラメータ設定によって、あなたの「意思決定モデル」を実装できました。
もう一度、「パーセプトロン」のモデルを示すとこのようになります。

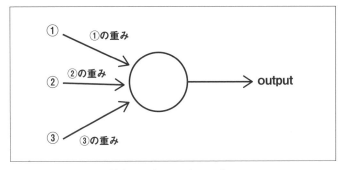

「パーセプトロン」のモデル

第1章 AIの基本

このモデルは、

> ①×(①の重み)＋②×(②の重み)＋③×(③の重み) ＞ 5ならば、「1」を出力する。

ということです。

この「パーセプトロン」は天気が良ければ必ず「1」を出力し、天気が悪ければ必ず「0」を出力します。
あなたの友人たちの意思や、駅からの距離によって結論が変わることはありません。

＊

「重み」と「閾値」を変化させることで、異なった「意思決定モデル」を得ることができます。

たとえば、「閾値」を「5」から「3」に変えます。
すると、「コンサートに行くべき」と判断する条件は「天気が良い」または「会場が駅から近く、かつあなたの友人たちが一緒に行きたがっている」となります。
閾値を下げたため、あなたは「より」コンサートに行きたがっていることになりました。

＊

このように、「人工ニューロン」は異なる種類の情報を考慮し、「重み」をつけた上で判断を下す能力があります。
となれば、「人工ニューロン」を複雑に組み合わせたネットワークなら、かなり微妙な判断も扱えそうであると分かります。

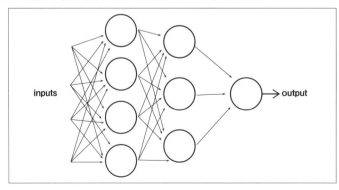

複雑に「人工ニューロン」を組み合わせる

第2章

AIの応用

「Webサービス」「画像解析」「音声解析」または「軍事目的」など、現在AI技術はさまざまな分野で使われています。ここでは、そんなAI技術の実例を紹介します。

AIメーカー

みんなのAI（人工知能）

誰でも手軽に機械学習を始められるWebプラットフォーム。学習データを準備するだけ。サーバも、面倒な環境構築も必要ありません！

「AI」「ディープ・ラーニング」の応用

～「画像」「動画」への応用の底知れぬ魅力～

現在「AI技術」はどういった分野でどのような使われ方をしているのでしょうか。中でも「ディープ・ラーニング」技術を応用した事例をいくつか紹介しながら、今後どのように発展していくのか、展望します。

●瀧本　往人

■ 日常の暮らしに浸透しはじめた「AI」

　これまでの人工知能（AI）の開発の歴史をふり返ってみると、そう単純ではなく、紆余曲折があったことが分かります。

*

　知っての通り、最初に実用に至ったのは、「囲碁」や「将棋」の対戦ゲームソフトです。

　20世紀後半の黎明期には、期待感ばかり高まる一方で、それほど現実味のある展開にまでは至りませんでした。

　ところが21世紀に入り、
・コンピュータの処理スペックが、「高速化」「大容量化」した
・「無線ネットワーク」が自在に使えるようになった
・「AI」にとってもっとも核心となる「学習」機能について飛躍的に研究が進んだ
ことで、一気に、さまざまな用途での実用化が期待されるようになりました。

　その結果、すでに商品化されているものとしては、「ルンバ」をはじめとした「掃除ロボット」「Siri」などの「検索エンジン」や「スマホの音声対応アプリ」、そして「スマート・スピーカー」「人型ロボット」が代表例と言えるでしょう。

「AI」「ディープ・ラーニング」の応用

●「AI」と「ディープ・ラーニング」の基本

ところで、今さらですが、「AI」とは何でしょうか。

「AI」は、大まかには、機械による「処理」というよりは人間の「知能」に近い能力を発揮できる技術、ということになります。

問題は「人間に近い知能」というのは何を指すのかということです。

前述したように、「将棋」や「囲碁」ができるというのは、要するに「論理的思考能力」のことであり、明らかに1つの知性的活動であることは疑いえません。

一方では、「スマート・スピーカー」による「対話」能力もまた、一見すると、まったく異なる能力のように思えますが、これもまた、言語を介した「相互理解能力」と見なすことができ、同じく知性的活動と言えるでしょう。

スマートスピーカー「Amazon Echo」

第2章 AIの応用

知能を非常にシンプルに構図化すると、

①「センサ」のように、「外界の光や音」「音」「画像」、または人間が表わした「言語」「テキスト」など、さまざまなデータをある範型(特徴量)に基づいて「記憶」（さらには意味づけ）。

②そうした経験の蓄積に基づいて、新たな出来事にも対処し、軌道修正を行なっていく。

という一連の流れであるということができます。

　中でも、「ディープ・ラーニング」とは、「AI」に、よりデータベース処理を可能にさせるやり方で、人間がわざわざ範型を用意しなくても、勝手に処理がさせることができるというものです。

　人間が指示した(プログラミングした)範囲内で動作していたコンピュータが、自分で「考える」「判断する」ということを可能にしているわけですから、まさしく「ディープ・ラーニング」であると思います。

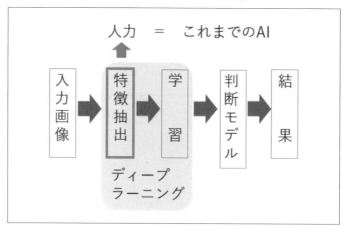

「ディープ・ラーニング」とこれまでの「機械学習」の違い

*

正直、ここまで「学習」ができる、というのは、かなり凄いことです。

　実際には、現在、いろいろな分野に分散して、「ディープ・ラーニング」技術が応用されはじめていますが、以下では特に、「画像」「映像」関連の実用化間近なものをいくつか取り上げてみます。

「AI」「ディープ・ラーニング」の応用

■「画像」「映像」関連と「ディープ・ラーニング」

　これまで、コンピュータの性能の向上の陰にはいつも、「画像処理」に関する技術がかかわってきました。

　動画の圧縮技術は特に、時間軸の流れに沿って、人やモノの移動や変化を予測的に追いかけて、より自然に、より高いクオリティで見せるという点において、非常に複雑な操作を必要としました。

　まさしく職人芸のような世界が繰り広げられ、今に至っています。

　ここに「AI」、特に「ディープ・ラーニング」の技術が加わるとどうなるでしょうか。

　主に、興味深いのは、見えるものの「見えない部分」を補完したり、存在してほしいものを想像によって創作できる、といった点に開発者たちの目が向いていることです。

● スローモーション映像の創出

　たとえば、NVIDIAの研究チームは、既存の動画からスローモーション映像を生み出すことに成功しました。

https://www.youtube.com/watch?v=MjViy6kyiqs

　「ディープ・ラーニング」をベースとしたシステムにより、「30フレーム/秒」の動画から高品質なスローモーション動画を生成させるというものです。

*

　正直言って、非常にニッチなものですが、少なくとも、プロ向けではなく、特に「我が子の成長記録を映像で残したいお父さん向け」のように思えますが、それなりにニーズはあることでしょう。

　たとえば、子どもが生まれて初めて歩いた瞬間、運動会や学芸会でうまくいった一瞬など、素人であればその一瞬は必ずしもきれいに録画できるとはかぎりません。

そうした、肉眼ではっきりととらえることが難しく、スローモーションで撮影したくなる記念すべき瞬間を「ディープ・ラーニング」によって補完してもらおうということです。

これには、日常やスポーツに関する活動を「240フレーム/秒」で撮影した11,000本以上の動画が前もって用意され、「AIシステム」に経験を積んでもらい、さらに、システムの精度の検証には、別のデータセットも使われています。

その結果、低フレームレートで撮影されていても、より滑らかで鮮明なスローモーション映像が出来上がる場合があるようですが、ケースバイケースでうまくいかない場合もあるようです。

●「静止画」から「3D画像」を生成

Google関連で「AlphaGo」を開発したAI企業「DeepMind」は、AIによって「静止画」から「3D画像」を生成させるという課題に取り組み、その結果「GQN」(Generative Query Network)を開発しました。

*

「2D画像」を「3D」に変換(生成)するという技術は、以前より存在していました。

イメージとしては、「平面化された画像内にある立体構造」を見付け出すことから始まります。

いわゆる「遠近法」を思い出してください。

平面内にある「縦×横×奥行」のうち、「奥行」の部分を見つけ出し、「縦×横」の長さを再計算して「3D空間」に再配置させれば、「3D」に変わります。

「AI」「ディープ・ラーニング」の応用

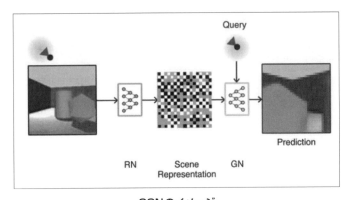

GQNのイメージ
https://www.youtube.com/watch?v=RBJFngN33Qo

　しかし、これだけでは、２D画像に書き込まれたものをそのまま３次元化させているだけです。
　見る側の「視点」はこれまでの２次元と同じ側から見ることを前提としています。

　これに対して、別の「視点」から見えるようにするために、見えない部分を「推測」するために、「ディープ・ラーニング」が必要となります。

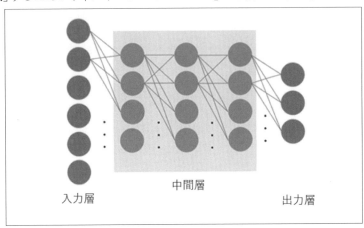

「ディープ・ラーニング」のデータ処理のイメージ

　人間の頭脳が、知識や経験をもとにして、この世に存在するものの形や色などを総合して、瞬時に、「隠れた部分」「見えない部分」を想像しますが、

「ディープ・ラーニング」はこれと同じことを行ないます。

　単純に言えば、「平面図」があれば、「側面図」と「立体図」が自動生成でき、それに基づいて3D画像まで表示できる、ということです。

　もともと、一定程度のデータベースを備えているためと思われますが、詳細は不明です。

　極端な話、1枚の画像データだけで「3D画像」を生み出すことは可能ですが、再限度においてはどうしても劣ります。

　「側面」や「立面」のデータがあればかなり精度を上げることができるようです。

＊

　知能テストに登場する次のような情報処理(「判断推理」と言います)をAIは難なくこなせ、「ディープ・ラーニング」によって、推理能力がより高くなる、ということです。

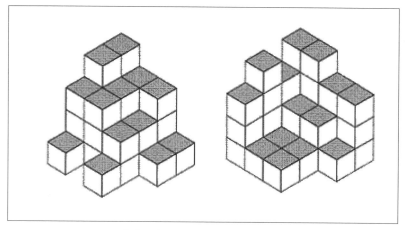

公務員試験問題に登場する図形の例

　当然この技術は、「VR」や「AR」への展開が可能であり、いろいろな応用が期待されることでしょう。

●「バーチャル・アイドル画像」の生成

人間の顔画像に関する技術は、もともとはデジカメやプリクラの補正技術に始まり、検索における個体を識別する技術に至り、これもまた長年にわたる蓄積があります。

そんななか、「架空のアイドル自動生成AI」の開発が話題になっています。

(株)データグリッドによる、「ディープ・ラーニング」を応用した「GAN」(敵対的生成ネットワーク)という技術です。

＊

「バーチャル・アイドル」と言えば「ボーカロイド」が先鞭をつけましたが、顔画像もまた、大量に生成できるようになりました。

まるで、実在しているアイドルのような顔画像

不思議なことに、実在する人物の顔ではないのですが、見たことがあるような、ないような顔、すなわち、「アイドル」と私たちが認識できるような顔画像を生み出します。

「ディープ・ラーニング」というものは、大量のデータのストックをもとに「分析」「推理」を行ない、一定の解答を打ち出していくものです。

これまでのアイドルの顔画像を数多く集め、その上で、こうしたことが可能になっていると考えるかもしれませんが、実はそうではありません。

「GAN」という技術は、わずかなサンプルであっても、一度生成させたデータをさまざまな角度から検証し、求めている解との差異を対比させて仕上げていくため「敵対的生成」と呼ばれます。

第2章　AIの応用

「敵対的」というのは、画像を生成する側と本物に近いか判断する側が敵対するということのようです。

＊

しかも「GAN」は画像のみならず、「楽曲」や「テキスト」にも応用可能であり、場合によっては、あたかもビートルズの新作のような楽曲を作ってグラミー賞をとったり、村上春樹の新作のような小説を作ってノーベル文学賞をとることも夢ではないかもしれません。

＊

また、前述の技術と重ね合わせれば、「GAN」で生成した「アイドル画像」を「3D化」させ、しかも、動きもアイドルらしい振り付けで踊りだすポリゴンなども可能になることでしょう。

ほか、「1アングルの画像から三次元の髪型を生成する技術」というものもあります。

＊

世間では21世紀を支える主軸技術の一つとして期待されているAI特に「ディープ・ラーニング」ですが、開発の現場が生み出しているものは、意外にもきわめてシンプルなもののように思えます。

「AI」の応用
「サービス」や「軍事」で活躍

現代の「AI」の応用例を眺めながら、社会との関係について考えてみたいと思います。

●nekosan

■「AI」を利用した画像処理

●「ニューラル・ネットワーク」で画像処理

最近の画像処理を行なう「AI」では、「ニューラル・ネットワーク」(神経細胞)を応用した「ディープ・ラーニング」の技術が広く利用されています。

「ニューラル・ネットワーク」は、生物の神経細胞(ニューロン)の機能をモデルとする「機械が物事を理解」するための手段で、近年の「機械学習」の中核となる技術です。

機械が「特徴を推論」したり、その推論モデル自体を「機械が作りだす」というところが、旧来の「人工知能研究」と一線を画します。

これを利用した画像処理技術には、「Google DeepDream」や「Google AutoDraw」「Google Quick,Draw!」などのサービスがあります。

いずれのサービスも、「機械が絵を認識する」機能を、「ニューラル・ネットワーク」で実現しています。

●「画像処理サービス」の例

・Google DeepDream

いくつかの画像から「似ている」部分を見つけ出して、その要素を部分的に置き換えることで、独特の新たな絵画を創り出すサービスです。

発表当初は大きな話題となった(Googleブログより)

第2章 AIの応用

・Google AutoDraw

手描きの雑なイメージを、それが何かを認識して、きれいな図に描き直してくれる（データベース上の図形データに置き換える）というサービスになっています。

認識精度はかなり高い

https://www.autodraw.com/

・Google Quick,Draw!

「Google AutoDraw」の元になったサービスです。

コンピュータが出題した「お題」に対して手描きで絵を描くと、（お題を知らないAIが）その絵が何かを推測してくれます。

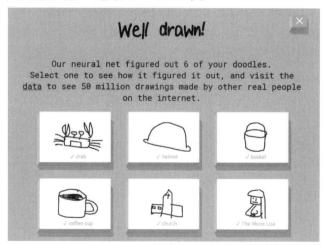

「Quick,Draw!」を使ってお絵描きを認識

https://quickdraw.withgoogle.com/

「AI」の応用

■ 会話

●「chatbot」と「人工無能」

「AI」の研究は、1940～50年代にはすでに始まっており、その研究成果のひとつに、1960年代の「ELIZA」(イライザ)があります。

「ELIZA」は、キーボードで「AI」と文字を通した会話ができますが、「自然言語を使う」というところに大きな特徴があります。

ただし、実際の処理の中身は「パターン・マッチング」の延長で、機械が意味を理解しているとは言えず、こうした「AI」は後年、「chatbot」「人工無能」などと呼ばれました。

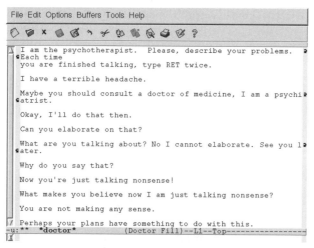

簡易的な自然言語処理プログラム「ELIZA」(Wikipediaより)

当時は、「処理速度」や「扱えるデータ量」(メモリやストレージ)がとても小規模だったこともありますが、一般的な知識や常識の扱いや、「フレーム問題」など、たくさんの壁が存在し、「AI」の研究は、その後、何度も冬の時代を向かえています。

しかし、近年、「ディープ・ラーニング」の研究によって、自然言語による「会話」を含め、急激に「AI」の技術が進展しました。

第2章 AIの応用

●「AI」と「コンシェルジュ」

最近のスマートフォンは、音声で質問をすると、まるで自然な会話で考えて答えてくれます。

アップル社の「Siri」、グーグル社の「OK Google」、ドコモ社の「しゃべってコンシェル」などがそれにあたります。

また、日本マイクロソフトの「りんな」も、文字ベースながら自然言語で会話します。

これらに共通するのは、自然言語を「聞き取り」、その意味を「解釈」し、答を「推測」して、自然な言葉で「答える」ことです。

特に難しいのは、「解釈」と「推測」の部分でしょう。

人間が難なく行なっていることも、その中身は複雑で、「ディープ・ラーニング」によってようやく実用レベルになってきたと言えます。

アップル社の「Siri」

● IBM Watson

これらの会話型に比べて、IBM社の「Watson」は、より高度な「AI処理」に特徴があります。

アメリカのクイズ番組で、クイズ王と対戦して勝利したり、専門医でも難しい病気を短時間で見抜き、治療方法をアドバイスしたことで、注目を集めました。

IBM社は、「Watson」の「AI」を、「人工知能」ではなく「拡張知能」（Augmented Intelligence）と呼び、さまざまなビジネス用途に向けた、テクノロジープラットホームとして提供しています。

日本でも、大手銀行のコールセンターに導入されるなど、利用範囲が広がっています。

「Watson」は、ネット上の大量のデータ（知識）を元に、人間ではとても覚えきれないような巨大な知識のデータベースを自動的に構築し、利用します。

そして、この膨大な知識と、人間のような思考能力で、「顧客応対」や「科学技術研究」など、さまざまな問題に対応が可能です。

これは、「AI」をネット上で利用できる「多用途クラウドAI」インフラとも言えるでしょう。

■ 証券取引

●「金融工学」と失敗の歴史

かつて「財テクブーム」といった言葉が流行した1980年代～90年代、金融取引の「リスク」を定量化する複雑な計算方法である「金融工学」が大きく発展しました。

その結果、金融取引の「リスク」や「リターン」を定量化し、どのように投資すればいいかを、数字で客観的に扱えるようになります。

しかし、「金融工学」の乱用は、90年代のアジア通貨危機や、2000年代のリーマンショックなどの騒ぎを大きくした原因の一端とも言われ、厳しい目が向けられました。

そしてその後も、いかに他社より有利に稼ぐ方法を作り出すか、という競争は続いています。

この辺は、「ブラック・ショールズ方程式」や「LTCM破綻」などで検索すると、いろいろと興味深い話が出てきます。

しかし、ここでは、「AI」によるその後の各社の証券価格計算や投資判断の処理そのものではなく、「証券会社の窓口業務」について眺めてみましょう。

第2章 AIの応用

● 合理的な証券マン

「証券会社」の窓口は、売買を仲介することで手数料が入るので、たくさん仲介できれば、それだけ儲かるわけです。

そのため一部の利己的な証券マンが、顧客の損失を承知の上で、ノルマ達成や利益拡大に走ることも、充分に有りうる話です。

一方、こうした窓口業務を「AI」が行なえば、目先の利益ではなく、「合理性のある投資判断」を元に、安心な証券投資を薦めることが可能になります。

しかも、「AI」で自動化すれば、小額の投資家でも、「安全な投資を」とか「多少のリスクがあってもリターンを多めに」といった多様なニーズに対して、安い手数料できめ細かいアドバイスが可能になるでしょう。

■ 自動運転技術

●「自動運転」のレベル

「自動運転」は、その度合いによって「レベル0」から「レベル5」に分けられます。

「レベル0」は、運転のすべての操作をドライバーが行ない、「レベル5」は、あらゆる状況下で、すべての運転操作を機械が行ないます。

現在は、レーダーを使った「自動ブレーキ」など、自動車運転の「走る」「曲がる」「止まる」といった「操作の一部分」だけが自動化されている段階です。

●「認識」と「判断」

現実の道路状況は複雑すぎるため、「走る」「曲がる」「止まる」の3つの主要操作すべてを、周囲の状況に合わせて的確に行なうのは難しい課題です。

特に、「状況の認識」と「判断」は、機械にとって難問です。

事前に情報が得られていない「道路工事」や、「天候の急激な悪化」「残雪など局所的な道路状況」「他車の急な割り込み」など、臨機応変に対応するのは、単純ではありません。

ざっくり言うと、人間と違い、機械は「例外処理」に弱いのです。

それ以前に、良好な道路事情の中で走行することすら、一見、単純に見え

て、実はまったく単純ではありません。

　流れる景色から大量の情報を取捨選択して、周囲のクルマや標識、歩行者、道路状況などを判断するのも、人間ならではの高度な「認識能力」「判断能力」で実現されています。

さまざまな状況に対応する必要がある

●「トヨタ」と「NVIDIA」

　トヨタは、GPUなどを製造する最大手のNVIDIAと、「自動運転技術」について手を組むことを決めました。

　NVIDIAは、もともとGPUの画像処理などに用いる「計算処理」の優れた技術(GPGPU環境のCUDAが有名)をもっています。
　こうした「計算能力」は、グラフィック処理に限らず、「ニューロ・ネットワーク」など、さまざまな計算処理に利用でき、しかもCPUよりも高速で、省電力です。

　トヨタは、こうした技術を、自社の自動車開発技術、開発用のインフラ、実車テスト環境などと組み合わせて、自動運転技術の開発を優位に進めようと考えています。

第2章　AIの応用

●「ホンダ」と「Google」

　グーグルは、「セルフ・ドライビングカー」※を使い、一般道でテストしてきましたが、2016年12月に中断し、子会社「Waymo社」を立ち上げて、「市販車」を使ったテストに切り替えました。

　国内では、ホンダと組んで、「自動運転技術」の共同研究を行なうことになっています。

※ハンドルもペダルもない、人が乗り込む「箱」だけの自動運転車。

● 自動車業界の近未来

　これまで自動車メーカーは、複雑で高度なノウハウが必要な内燃機関と、乗り心地や使い勝手をバランスさせる、高度な「ものづくり産業」の頂点を担ってきました。
　こうした「ものづくり産業」の形態は、「すり合わせ型」と言われます。

　しかし、EUの法改正などで、今後は内燃機関に代わって「EV」や「自動運転技術」が重要なってくると、かつてのPC産業がそうであったように、「すり合わせ型」から、「モジュール型」(モジュラー型)に移り変わっていくと予想されています。

　このように、業界再編が進もうとしている中、自動車メーカーだけでなく、いろいろな業界が入り混じって、自分たちの技術でイニシアチブを取るために競争をしています。

　特に「AI」を使った「自動運転技術」は、この後の「移動手段としての自動車」の技術にとって、最重要な「核心」です。

　これは、「安全」が交通手段の最重要課題であるためで、ここを握られてしまうと、従来の自動車メーカーは、単なる"下請け"となる恐れもあるのです。

「AI」の応用

● トロッコ問題

また一方で、厄介な問題が残っています。
それが、「トロッコ問題」や「道徳的ジレンマ」と呼ばれる問題です。

たとえば、ブレーキを掛けても、ハンドルで避けても、事故は避けられないという状況があったとします。
そのとき、ブレーキなら「3人」を巻き込む恐れがあり、ハンドルを切って避けたら犠牲は「1人」だけという場合、「AI」が犠牲者の少ない案を選択するのは、倫理的に正しいと言えるのかといった問題です。
また、「技術開発」だけでなく、「自動車保険の有り方」や、交通インフラとして社会がどう受け入れるのかなど、さまざまな問題を1つ1つ解決していく必要があります。

「AI」と「軍事」

●「ベトナム戦争」からの反省

かつての戦争は、人間同士が武器を使って行なうものでした。
そのため、「ベトナム戦争」では、アメリカ軍でも多くの兵士が怪我をし、命を失いました。
また、帰還兵のPTSDも問題になっています。

「ベトナム戦争」の反省から、兵隊の怪我や死者を減らすために、機械を使った戦争の「自律化」や「半自律化」の研究が進みました。

「湾岸戦争」では、元来人間の関与が必要だった場所で、「巡航ミサイル」や「無人飛行機」のような、いわゆる「ロボット兵士」が使われます。

2003年の「イラク戦争」では、無人機「RQ-1 (MQ-1) プレデター」と有人機「MIG-25」が、実際に空中戦をしています。

第2章　AIの応用

無人攻撃機「MQ-1」(米空軍サイトより)

●「AIロボット兵器」と新たな問題

　こうした機械を使った戦争は、戦場から離れたところから指示を出す兵士に「ゲーム」のような非現実感を作り出します。

　また、機械の誤認識や誤動作による「民間人の巻き添え」といった、命に関する新たな倫理的問題も生じます。

　自律的、半自律的に働く兵器が、同様に人を傷つけてしまったときの責任は誰が取るのでしょうか。

　そもそも、機械が自動的に人を傷つけていいのかという疑問もあります。

　また、技術の進歩で、安価で簡単に手に入るようになれば、ゲリラ勢力が悪用できる恐れも生じます。

　少なくとも、完全自動走行が可能な自動車が実現されると、それは簡単に兵器転用が可能になるはずです。

　さらに「AI」の研究と利用が進めば、映画「ターミネーター」に登場した「スカイネット」※も、杞憂ではなくなるかもしれません。

※人類のせん滅を目的とする、自我をもつAIプログラム。

● アシロマAI23原則

「AI」は近い将来、間違いなく人間の能力を超越するでしょう。

「AI」は便利で優れた技術ですが、「AI」の能力がとてつもなく大きくなったとき、核兵器以上の影響力で人類を支配する可能性も充分に考えられます。
　それを一部の人間が悪用すれば、東西冷戦以上の恐ろしい世界がおとずれます。

「遺伝子組み換え」に関するガイドラインを提唱したことでも知られる「アシロマ会議」は、こうしたことをふまえ、2017年に、「AI」に関する「研究」「倫理と価値基準」「長期的な問題」について23項目に表わした、「アシロマ23原則」を提唱しました。

「アシロマ23原則」には強制力はありませんが、「AI」を安全に、人の暮らしに役立てつつ、ネガティブな影響を及ぼさないための「縛り」としては、意義があるでしょう。

さまざまな「AIサービス」
各社の特徴を生かす

　コンピュータ関連企業は、「AI技術」の開発を重点課題として、基礎研究を続けてきました。
　最近、多くの研究成果が発表され、さまざまな「AIアプリケーション」や「関連サービス」が登場しています。

●本間 一

■ Cloud AutoML

● 専門知識不要の「AIサービス」

　Googleの提供するクラウドサービス「Google Cloud」では、機械学習エンジン「Google Cloud Machine Learning Engine」を提供しています。
　しかし、これを利用するには、「AI」に関する専門知識をもったエンジニアが開発にあたる必要があります。

　Googleは2018年1月、このような状況を改善し、より迅速に「AIシステム」を開発できる新サービスとして、「Cloud AutoML」を「Google Cloud」に追加しました。
　「Cloud AutoML」は始まったばかりなので、まだすべての機能は整っていませんが、まず画像認識の機械学習「Cloud AutoML Vision」のベータ版が公開されています。
　そして、テキスト分析機能の「AutoML Natural Language」や、自動翻訳機能の「AutoML Translation」も開発されています。

● 画像認識

　「Cloud AutoML」では、学習用のデータを用意するだけで、そのデータに合わせて自動的にパラメータが設定されます。

＊

　「Cloud AutoML Vision」は、画像認識の機械学習サービスです。
　まず、学習用の「ラベル」付き画像ファイルをアップロードし、事前学習を

行ないます。

　「ラベル」は、その画像の「種類」や「名前」などのデータです。
　事前学習用のデータは、なるべく学習対象以外のものが写っていない画像を用意すると、学習精度が高まります。

　事前学習が終わった「機械学習モデル」は、仮想サーバなどに構築したシステムに組み込んで運用できます。
　「AutoML」を用いると、「機械学習アルゴリズム」の開発やパラメータの試行錯誤などが不要になり、「AI解析アプリ」の開発期間を大幅に短縮できます。

■ Zinrai

● 学習ずみプラットフォーム

　富士通は、画像や動画の解析、企業のコールセンター、物作り、インフラなど、幅広い分野で活用できる、総合的な「AIソリューション」を提供しています。

　「Zinrai」(ジンライ，Human Centric AI Zinrai)は、"人をサポートし、人と共に成長していくAI"というテーマを基に、富士通が開発した「AIサービス」です。
　「Zinrai」は、「AutoML」と似た使い方ができますが、「Zinrai」では、学習ずみの「プラットフォーム・サービス」や「API」を提供しています。

● 画像認識体験デモ

　「Zinrai」の公式サイトでは、海や山、市街地などのシーンを分類する「画像認識API体験デモ」を公開していて、簡単に試すことができます。

　「アップロード」ボタンをクリックして、PCに保存された画像ファイル選び、「シーン分類を実行する」ボタンをクリックすると解析結果が表示されます。

第2章 AIの応用

画像認識API(シーン分類)体験デモ

NEC Advanced Analytics

● 世界1位の顔認証技術

「NEC the WISE」(エヌイーシー・ザ・ワイズ)は、NECが開発するAI技術群のブランド名です。

「the WISE」には、"賢者たち"という意味があり、その「AI技術」には、「音声認識」「画像・映像認識」「言語・意味理解」「機械学習」「予測・予兆検知」「最適計画・制御」などがあります。

*

NECは基礎技術から製品まで、自社内で開発プロセスを完結できる企業なので、「AI技術」を多様な製品群に展開できるという強みがあります。

たとえば、「顔認証システム」(画像・映像解析)は、空港の入出国ゲートや重要施設の出入口などで稼働しています。

2017年に「米国 国立標準 技術研究所」(NIST)が実施した「顔認証技術」のベンチマークテストで、NECの顔認証精度は「99.2%」の結果を得て、世界1位の性能評価を獲得しました。

さまざまな「AIサービス」

● RAPID機械学習

　NECは2018年5月、「NEC the WISE」の「ディープ・ラーニング（深層学習）技術」を搭載し、画像やテキストなどの非構造化データを解析するソフト、「NEC Advanced Analytics - RAPID機械学習」の販売開始を発表しました。

　「RAPID機械学習」では、対象データの特徴を自動抽出しながら学習し、次第に解析精度を高めるとともに、解析にかかる時間も短縮します。
　画像データ解析による検品業務向けの機能を搭載した製品、「RAPID機械学習 画像解析」では、基板パターンの歪みや損傷、部品の形状不良やキズなど、画像で判定できるものなら、多様な検品作業に対応できます。

　従来の「AI」による不良品判定では、良品と不良品両方の画像データを、それぞれおよそ1000点用意し、事前学習を行なう必要があります。

　しかし、一般に製品の製造では、ほとんどの製品が良品で、わずかに不良品が発生するため、「良品の学習用画像」は容易に集められますが、多数の「不良品の画像」を用意するのが難しいという問題がありました。

　「Advanced Analytics」では、「OneClass分類アルゴリズム」によって、「良品の画像」のみで事前学習を行なうことができます。
　「OneClass分類アルゴリズム」とは、1種類の画像データを学習して、判定対象物の画像データを2種類に分類する機能です。

＊

　「RAPID機械学習 マッチング for Linux」は、複数のグループ内のデータ群を解析して、「マッチング」を行なうアプリケーションです。

　「マッチング」とは、属性や傾向、能力など、個別データのパラメータを解析し、別のグループのデータから最適な組合せを予測して抽出する処理です。
　たとえば、人材仲介業では、求職者と、人材を求める企業の「マッチング」を行ないます。

　「マッチング」処理には、NEC独自の機械学習アルゴリズム「Supervised Sequence Indexing」(SSI)を用いて、過去のデータからグループ間の関係性を学習し、「マッチング」の適合度を高めます。

求職者は自分の能力を生かせる職場に就き、企業は求める人材を的確に採用できるようになることが期待されます。

■ ロボティック・オートメーション

● 「RDA」と「RPA」

「ロボティック・オートメーション」(Robotic Automation)は、これまで人間が手作業で行なっていた仕事をロボットやコンピュータに代行させ、業務全体の効率化を図る取り組みのことです。

そしてこれは、「RDA」(Robotic Desktop Automation)と「RPA」(Robotic Process Automation)に分類されますが、最近では主に「RPA」が注目されています。

*

「RDA」のプログラムは、担当者個人のデスクトップにインストールされ、「Excelのマクロ実行」や「メールの自動配信」などを行ないます。

「RDA」の目的は、人による作業を軽減することであり、重要な判断や意思決定は、担当者自身が行なう場合もあります。

一方、「RPA」では、「AI」や「機械学習」の技術を取り入れて、「自動化により、人による作業を完全に置き換える」ことを目指します。

自動化されるのは限定された範囲のタスクだけでなく、異なるタスクとの連携を行ない、さらに特定のタスクグループを他のグループと連携させるような処理も行なわれます。

*

「RPA」の導入は、情報のインプットとアウトプットの間に一定のルールがあり、毎日同じことを繰り返しているような「定形業務」で特に効果を発揮します。

「RPA」に向いている業務には、銀行などの金融業務や、建築部材や自動車部品などの在庫管理などがあります。

さまざまな「AIサービス」

● メリットと危険性

「RPA」には、生産性と効率性の向上や処理上の人為的ミスの激減、セキュリティの向上など、多くのメリットがあります。

しかし、膨大な処理をこなす中で、些細なプログラムのミスによって誤った処理が拡散し、膨大な損失につながってしまう危険性もあります。
システムに異常を検知するプログラムを組み込むとともに、最低限の監視要員は置くべきでしょう。

＊

多大なコストをかけて「RPA」を導入しても、それが業務の進め方に合っていなければ、コストに見合った効果が得られない場合もあります。

自動化に合った業務と、人による作業が必要な業務を分けて、まず小規模な自動化からスタートし、「RPA」の効果を見極めてから、適用範囲の拡張を検討すべきでしょう。

●「AI」との連携

前述の通り「RPA」は「自動化」がテーマであり、そこに「AI」の介在は必須事項ではありません。
しかしながら、「AI」と連携し、より効率性を高めていくことは、今後の重要課題となるでしょう。

＊

では、「AI」はどのように活用すればいいのでしょうか。

たとえば、大手のハイテク企業では、日々届く顧客からの膨大なメールの処理に「AI」を活用しています。
「AI」はメールの内容から、対象となる商品やサービス、問い合わせ、苦情、クレームなどを判定して振り分け、然るべき部署に転送します。
その後は「RPA」や「RDA」によって、自動返信処理や、担当者の返答が必要なメールに振り分けるなどの処理が行なわれます。

Cognitive Services

●「Cognitive」とは何か

「Microsoft Azure」(マイクロソフト・アジュール)は、マイクロソフトが運営するクラウドサービス。

その中に、「AI技術」を提供する「Cognitive Services」(コグニティブ・サービシズ)があります。

「画像分析」「音声認識」「言語分析」などのAPIが提供され、アプリ、Webサイト、ボットなどに組み込むことができます。

「Cognitive」は「認識、認知」という意味ですが、「AIサービス」における「Cognitive」は、「人のように考えて推察し、結果を出す」という概念です。

認識処理を繰り返すと、関連データや過程などを学習し、より速く高精度の結果を得られるようになります。

● 機能の分類

「Cognitive Services」の機能は、「視覚」「音声」「言語」「知識」「検索」の5種のカテゴリに分類されています。

いくつかの機能にはデモが用意されていて、情報の入力に対する結果を確認できます。

*

「視覚」カテゴリの「Face」では、画像内の「人間の顔」を検出します。

顔の部分には矩形の枠が表示され、年齢、感情、性別、姿勢、笑顔、ヒゲといった「顔属性」のデータを得られます。

これらのデータは、「機械学習」の成果を反映させて判定された結果です。

「顔検証」のデモでは、異なる写真に写った人物を比較し、同一人物かどうか判定できます。

「顔検証」のデモ

■ 「Windows Update」に「AI」を導入か

多くのWindows10ユーザーに不評の「Windows Update」。

ユーザーが作業中なのに、突然始まってしまい、未保存のデータが消えたり、PCが長時間使えずに困ったりする事例が頻発しています。

マイクロソフトは、このようなユーザーの苦痛や不満を把握していて、「AI」によってPCの稼働状況を判定し、Windowsの更新作業を最適なタイミングにする機能の実装を予定しているようです。

*

しかし、このような機能の説明を見る限り、マイクロソフトはユーザーの苦痛を理解していないように思われます。

端的に言えば、「自動更新」でかまわないと考えるユーザーにとっては現状のままでもいいのです。

同時に、絶対に問題のないタイミングで、ユーザーの意思で「Windows Update」を開始したいと考えるユーザーもいます。

更新のタイミングや方法をユーザーが選び、完全にコントロールできることが何よりも重要であり、現状でそれができないことが問題なのであって、「AI」ではその問題の根本を解決できません。

AIコンビニ
時代は「レジのないお店」に

大手企業が手がける小売り店舗では、「AI」や「IT技術」の導入を進めていますが、2017年あたりからその動きが加速してきました。
ECサイト最大手の米Amazonは、AIコンビニ「Amazon Go」をオープン。
滑り出しは順調なようですが、無料で商品を持ち出されるような問題も起きています。

●本間 一

■ Amazon Go

● レジのないコンビニエンスストア

米アマゾン・ドット・コム（Amazon.com）は、ワシントン州最大の都市シアトルに、ほぼ無人のコンビニエンスストア「アマゾン・ゴー」（Amazon Go）をオープンしました。

売り場面積は約167平方メートルで、日本のコンビニより少し広い程度です。

Amazon Go

「Amazon Go」にはレジがなく、商品代金はスマホによる電子決済で支払います。

冒頭に「ほぼ無人」と書きましたが、レジ担当者がいないだけで、商品の補

充や客の案内をする従業員が働いているため、実際の店内は、それほど従業員が少ないわけではないようです。

*

「Amazon Go」を利用するには、あらかじめスマホに「専用アプリ」をインストールしておく必要があります。

また、店舗の入り口には、駅の「自動改札」を小型にしたようなゲートがあります。

「Amazonアカウント」にサインインして、ゲートのスキャナ部分に、アプリに表示されたQRコードをかざしてから入店します。

「Amazon Goアプリ」のQRコード
https://play.google.com/store

入り口にある改札型のゲートで認証を行なう

第2章　AIの応用

あとは、店内から欲しい商品を取るだけ。
商品を持って店外に出ると、自動的に決済は完了します。

買い物は非常にスムーズになり、レジ待ちの煩わしさから完全に解放されます。

● 客の行動と商品の認識

店内には100台以上の「小型カメラ」が設置されていて、入店時の「QRコード」と「カメラ映像」によって、退店するまで個人を特定して追跡します。

また、多数の「マイク」も設置されていて、「音声情報」も取得しているようです。
「音声情報」をどのように利用するかは明らかにされていませんが、客同士の会話の認識や行動把握などの目的があるのかもしれません。

その他に、商品棚には「赤外線センサ」や「重量センサ」なども設置されているようです。

客が商品を棚から手に取った瞬間にそれを認識して、専用アプリの「カート」に商品が追加されます。
その商品を棚に戻せば、「カート」から削除され、会計には含まれなくなります。

商品を取ると、「カート」に決済登録される

そして、退店すれば自動的に決済され、アプリで「会計情報」を確認できます。

AI コンビニ

ゲートを通った時点で決済が完了

■ 簡単に万引きできてしまう？

　ユーチューバーのティム・プール氏が、「Amazon Go」から商品を簡単に盗めたという動画を公開して、話題になりました。
　プール氏は、6品を持ち出し、その内の1品だけを支払い、5品の無料入手に成功したとしています。

　その手口は公開されていませんが、「Amazon Goアプリ」には、誤認識された商品を取り除いて返金を受ける機能があり、その機能を悪用したのではないかと言われています。
　もし、このような不正行為が本当に可能だとしたら、今後Amazonがどのように対策するのか注目されます。

＊

　さて、棚から取った商品を他の人に渡したら、どちらが代金を払うのでしょうか。
　「Amazon Go」のルールでは、他の人に渡しても「カート」の商品は移動しないので、最初に棚から取った人が支払うことになります。

　商品を他の人に渡す行為は、「Amazon Go」の禁止事項に挙げられていますが、支払いルールを逆手に取った詐欺行為が懸念されます。
　年配の人など、「Amazon Go」のルールを知らなそうな客を狙い、『ちょっとそこの棚の商品を取ってもらえます？』などと声をかけ、他の人に商品を取らせれば、支払いを免れることができます。

そのような行為は、すべてカメラ映像に記録されるため、ある程度の抑止力は働いてはいます。

しかし、入店前から狙った人に話しかけ、知り合いのようなフリをして入店した犯人であるならば、見分けるのは難しいでしょう。

＊

その他に考えられる不正は、他人の取った商品をスリのような手口で盗む行為。

このような犯行は瞬時に完了し、カメラに写りにくい瞬間を狙うこともできるため、監視カメラ映像では見つけにくいですが、ここは「AI」の出番ではないかと思います。

「盗む」という行為の行動的特徴を、「AI」が察知できれば、未然に犯行を防げるかもしれません。

■ スマートストア

● 「AI」と「IT」で運営するスーパー

日本の福岡では、スマート技術で運営されるスーパーマーケット「スーパーセンター トライアル アイランドシティ店」がオープンしています。

運営母体は、福岡でスーパーやディスカウント店などを手がけるトライアルカンパニーです。

レジに並ばずに決済できるレジカートは、スタートアップ企業のRemmo(レモ)が、トライアルカンパニーと共同開発しました。

また、客の消費行動の分析には、PUXの画像認識エンジンと、パナソニックの「ビューレカ・プラットフォーム」(Vieureka PF)を連携させたシステムが導入されています。

● 買い物の方法

すべてのショッピングカートには、「タブレット端末」と「バーコードリーダ」が取り付けてあります。

タブレット画面の「買い物を始める」ボタンをタップして、専用の「プリペイドカード」をリーダにかざしてログインすると準備完了。

あとは、買う商品のバーコードを読み取らせてから、カートのカゴに入れます。

AI コンビニ

　買う商品をすべてカゴに入れて、会計端末の設置場所に移動すると、「カート端末」の商品情報を自動的に読み取ります。
　決済が完了すると、「紙のレシート」が出てきます。

レジ機能付きカート

●「スマートカメラ」と「ビッグデータ」の活用

　店内の天井や商品棚などには、700台のスマホに似た形状の「スマートカメラ」が設置されています。
　このカメラで、商品の状況を監視し、品切れになればすぐに補充できます。

　さらに、「Vieureka PF」に対応する、「画像認識回路」を内蔵したカメラも設置され、PUXの画像認識技術による「顔検出」と「年齢性別検出」を行ない、消費行動を「ビッグデータ」として蓄積します。

　ビッグデータの解析結果は、商品ラインアップの精査に役立てられ、客の年齢や嗜好に合わせて、お勧め商品の情報をカートの端末に表示することも可能です。

「スマートカメラ」(左)と「画像認識カメラ」(右)

「カメラ技術」最前線
「AI」との融合

「AI技術」の進化は、「カメラそのものが撮影する」という世界になるようです。

●某吉

■ Google Clips

「Google Clips」というカメラは、AIを搭載したカメラです。

記録された映像として、印象的だと思われる部分を、あらかじめ機械学習させておいたAIを搭載することで、「カメラのAIがその場面を判断して自動的に記録していく」という、不思議なカメラになっています。

このカメラは、簡単に言えば、「AIというカメラマンがいる」ということです。

AIが今後の日常を変えていくという変化の初期段階を感じさせるカメラになっています。

https://www.blog.google/topics/hardware/google-clips/

■ 進化した監視カメラ

進化したカメラは人に対する監視を厳しくすることがあります。

中国では、鉄道の主要駅で、「顔認証サングラス」を利用して、データベースから問題のある人物を照合し、取り締まるといった運用が行なわれているようです。

サングラスに搭載されたカメラに映像を画像処理を行ない、データベースへの問い合わせをしているようです。

高度に小型化されたSF映画の世界のような装置が、現実世界でも実際に運用されはじめています。

第3章

AIの技術

AIの利用や開発のためにも、さまざまなAPIが提供されています。
ここでは、AIの開発技術や専門分野での利用について、さらに詳しく紹介していきます。

ソニーの「ディープ・ラーニング」
GUIベースの開発環境を無償公開

「人工知能」の強化手法として、「ディープ・ラーニング」が注目されています。
とは言え、実用レベルでの活用や研究は、国家や研究所、企業などが独自開発するものがほとんどで、自由に使える形で一般公開されているものは多くありません。
そのなかで、ソニーが一般公開する形で、「ディープ・ラーニング開発環境」の無償提供をしています。

●初野 文章

■ 積み重ねてきた成果を一般公開

AV系家電企業であるソニーが「ディープ・ラーニング」に参画しはじめたのは、決して突飛なことではありません。

以前は「AIBO」のような製品も販売していましたし、ゲームや機器制御などでも、「人工知能」的なプログラムは必要です。

そのため、「人工知能」に対するソニーのもつ知見は、相応に深いものだと言えます。

加えて、かなり早い段階から、「スマート・スピーカー」のような製品に、「人工知能」を組み合わせようとしていた節があります。

*

そのソニーが、今夏から、「ディープ・ラーニング」に関する開発環境の一般公開をはじめました。

● Neural Network Libraries

最初に公開されたのは、「ディープ・ラーニング」開発向けのライブラリ、「Neural Network Libraries」で、6月にオープンソース化されています。

＜Neural Network Libraries＞
https://www.nnabla.org/

「Neural Network Libraries」は、開発に「Python」が利用でき、実際の実行は「C++11」で動作します。
「GPU演算」などもサポートしているため、Webサイトの内部で「人工知能」を利用するといったことが、容易になります。

＊

これまで、「人工知能」を活用するには、「ソフト開発を依頼する」か「クラウドサービスを利用する」かの、実質的には二択の状態でした。
いずれにしてもコストがかかりますし、事後の機能追加や自主開発も簡単ではありませんでした。

しかし、「Neural Network Libraries」をうまく活用すれば、容易に「人工知能」を用いたシステム開発が可能となってきます。
実際、「Wordpress」のプラグインから活用するといった利用法も、可能になるかもしれません。

● Neural Network Console

簡単なロジックを組むだけであれば、上記のライブラリだけでもいいのですが、高度なロジックや動作検証といったことをしようとすると、当然、ハードルが高くなってきます。

特に、学習状況の分析やメンテナンスといった作業を、ソースコード上で行なうことは困難ですし、専用のツールを組むことは、「人工知能」の開発以上にハードルが高くなります。

＊

今回、追加で公開されたのは「Neural Network Libraries」をGUI環境で利用できる「Neural Network Console」というツールです。
「Neural Network Libraries」を使った「ディープ・ラーニング」の環境を、GUIベースで開発し、運用とメンテナンスができるようになります。

＜Neural Network Console＞
https://dl.sony.com/

＊

「Neural Network Console」は、Windows用のツールで、「64bit版」の「Windows8.1」と「Windows10」で利用できます。

開発をGUIベースでできるほか、動作が非常に軽快で、ロジックの組み換えも簡単です。

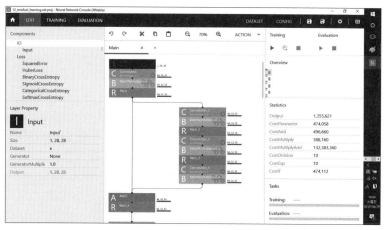

「ブロック・プログラミング」のような感覚で、「ディープ・ラーニング」の開発ができる

■「Neural Network Console」を使ってみる

サイトからZipファイルをダウンロードし、「neural_network_console.exe」を直接起動します。

画面は英語ですが、日本語のPDFマニュアルが添付されているので、一読してください。

*

また、環境が限られるものの、「GPU演算」[※]が利用できるため、大学院での研究分析や人工知能のプログラミング教育などには、便利なツールと言えるかもしれません。

※NVIDIAの「Keplerコア」以降のGPUで、「CUDA」が利用可能とされている。

右上の「設定」ボタンを押して、開いた画面で「ENGINE」タブを開き、「GPU」を選択すれば、「GPU演算」に切り替わります。

「設定」ボタン(歯車)からの操作でGPU演算も

　ツールには、「デモ用のロジック」と「分析用データ」が付属しているため、とりあえず、実験して試すことができます。
　オリジナルの「分析用データ」を使いたい場合は、「Neural Network Console」が定めるフォーマットの「CSV」ファイルを用意する必要があります。

● サンプルの実行

　まず、「HOME画面」で、登録ずみの「サンプル・プロジェクト」を選びます。
　ここでは、マニュアルで紹介されている「01_logistic_regression.sdcproj」を実行してみました。

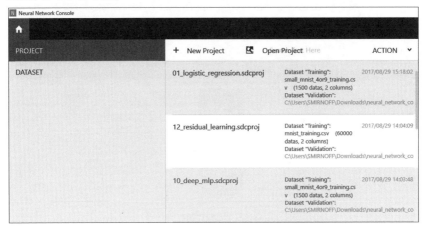

「01_logistic_regression.sdcproj」を実行

　不足するデータがある場合は、自動的にダウンロードされ、完了すると、設定ずみのロジックが表示されます。

ロジックの表示

このロジックは、「手書き文字が4か9か判定する」というものです。
画面上部にある「DATASET」タブを開くと、すでにデータが読み込まれていることを確認できます。

「教師あり学習」※の手順で、画像にあらかじめ、「4」なら「0」、「9」なら「1」の値が与えられています。

※前もって与えられたデータの結果を参考に、学習を行なっていく機械学習の手法。

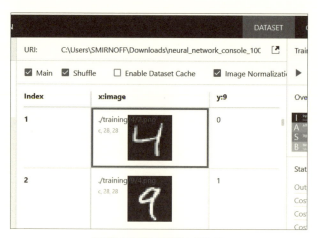

「手書き文字」の判定を行なう

＊

「Run training」ボタンを押すと、「機械学習」がはじまります。
今回はノートPC用のCPUである「Core-i5 2520M」で実行しましたが、1分ほどで学習は終了しました。
なお、「GPU」も使ってみたところ、セットアップなどに時間がかかり、簡易な計算では、むしろ時間がかかってしまいました。

ソニーの「ディープ・ラーニング」

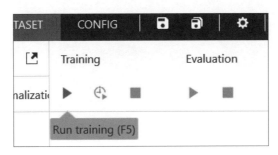

「Run training」ボタンを押す

終了後は、学習結果の統計が表示されます。

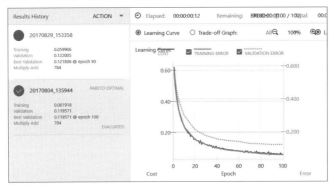

学習結果

サンプルによる「機械学習」の実行時間

環　境	全　体	学習時間
Phenom Ⅱ x6 1060T（6C／6T-2.9GHz）	14.0秒	8.7秒
Core-i5 2520M（2C／4T-3.2GHz）	12.3秒	7.6秒
Core-i7 4790K（4C／8T-4.4GHz）	4.6秒	2.5秒
Core-i7 4790K ＋ GTX780	12.9秒	5.5秒

*

次に、「学習結果の評価」を行ないます。

「F6」キーを押すと、「評価処理」が開始されます。

また、「Confusion Matrix」を選択すると、「認識精度」などの統計が表示されます。

	y'=0	y'=1	Recall
y:9=0	238	12	0.952
y:9=1	12	238	0.952
Precision	0.952	0.952	
F-Measures	0.952	0.952	
Accuracy	0.952		
Avg.Precision	0.952		

「認識精度」などの表示

　このテストプロジェクトは、直列的な単純処理ですが、これでも、「画像認識」が簡単にできてしまいます。

　各モジュールは、ブロック状に並んでいますが、複雑な接続や、条件分岐などの処理も当然できますし、コピー＆ペーストで編集も可能です。

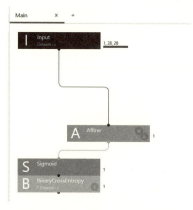

処理(ブロック)は、かなりの数が用意されている

　マニュアルでは、自習のための簡単なチュートリアルが掲載されているため、順を追って触ってみるだけでも、「人工知能」について垣間見ることができると思います。

＊

　イチからプロジェクトを自作することは簡単ではないですが、チュートリアルはとても簡単なので、ぜひ試してみてください。

Emotion API
マイクロソフトが開発中の表情分析サービス

「Emotion API」は、「Microsoft Azure」の数あるクラウド・サービスの中で今プレビュー中です。

「人物写真」から「表情」を分析し、「感情」を推測します。「顧客対応」などが目的です。

Web上の写真で、その精度を試すことができます。

●清水　美樹

■「Emotion API」とは

●「クラウド・サービス」の「クライアントAPI」

マイクロソフトは2010年から、クラウドサービス「Azure」を世界各地で運営しています。

「Emotion API」は、現在プレビュー中のデータ分析サービスです。

「人物写真」から「表情」を分析して、「感情」を推測します。

*

「Emosion API」は「クライアントAPI」。

「分析」そのものは「Azure」のデータセンターにまかせて、「クライアント」が必要な「データ」と「要求」を送り、戻ってきた「結果」を受け取るための、簡単な「API」です。

ユーザーにデータの入力を促す画面などは、クライアント側でデザインして作ります。

結果は「JSON形式」のテキストで送られてきますから、「クライアント側」でデータを取り出して、表示します。

第3章 AIの技術

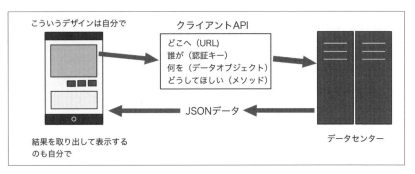

クラウドサービスのクライアントAPI

● 表情認識技術を支える技術

「Emotion API」は「表情認識技術」を行なうサーバとデータをやり取りする「クライアント」のAPIです。

「表情認識技術」そのものは、「画像認識」さらに「顔認識」の技術から派生したものです。

「画像」「音声」などの「認識技術」は、別に「Cognitive toolkit」というフレームワーク(オープンソース)で実現します。

● Emotion APIの利用法

「Emotion API」のライブラリは公開されていますが、ソースコードの中に「APIキー」と呼ばれる認証キーを記入して送信しなければなりません。

そのAPIキーがマイクロソフトの「製品」です。「無料版」もあります。

■ Web上で試してみる

●「表情分析」をWebで試してみる

「Emotion API」を使って送信して得る表情分析の精度はどれだけのものでしょうか。

＊

「Emotion API」のホームページには、Web上の画像のURLを指定したり写真をアップロードして認識の結果を試してみることができます。

Emotion API

> マイクロソフト「Emotion API」
> https://azure.microsoft.com/ja-jp/services/cognitive-services/emotion/

次の図の左下に見える写真が「サンプル画像」、その左が「分析結果」です。写真の中の顔を認識して矩形で囲み、分析結果を右に表示します。

「Emotion API」のホームページ

● 分析結果の形式

「分析結果」は、「顔」として割り出した「矩形」の「位置」と「大きさ」、それから「感情」を表わす以下の8つの分類の「期待値」(合計で1.0)です。

- anger（怒り）
- contempt（軽蔑）
- distust（嫌悪）
- fear（恐怖）
- happiness（喜び）
- neutral（中立）
- sadness（悲しみ）
- surprise（驚き）

次の図の左下に見られるサンプル写真は、4人の顔が認識されています。
どれも**リスト1**に示すように、「happiness」が「0.95」以上、他は微小値で、「笑顔」であると推定されます。

最初に表示されているサンプル

リスト1 分析結果、8つの感情の信頼度

```
"scores": {
    "anger": 0.002451766,
    "contempt": 0.0005512201,
    "disgust": 0.0063303886,
    "fear": 0.000122375583,
    "happiness": 0.9589189,
    "neutral": 0.0222537462,
    "sadness": 0.008983561,
    "surprise": 0.000388026354
}
```

　他に提供されている次のようなサンプル写真では、「disgust」が0.68、「sadness」が0.21と分析されます。

「嫌悪」と「悲しみ」として分析されるサンプル

```
         "anger": 0.09557262,         "contempt": 0.003917685,
"disgust": 0.684764564,          "fear": 4.03712329E-06,
"happiness": 8.999826E-08,
"neutral": 0.002147009,       "sadness": 0.213587672,
"surprise": 6.34691469E-06
```

● はたして実際は

　以上、ホームページで公開しているサンプルは、顕著な値を出すための「チャンピオン・データ」と言えましょう。

　普通に撮った写真の表情は、どのくらい分析できるのでしょうか。

＊

　筆者の知人で「ある集まりで、子供たちに紙芝居のお話をした」ときの写真をWeb上に公開している人に、写真の利用を許可してもらいました。

　Web上の画像を右クリックして、メニューから「画像アドレスをコピー」を選ぶと、画像のURLを取得します。

　次のように画像URLの欄にペーストして送信すると、「画像」と「分析結果」が表示されます。

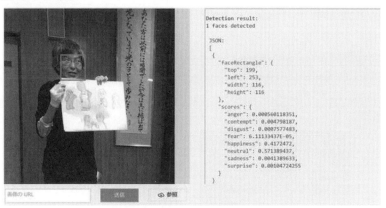

Web上に公開している画像を分析

　次のような表情では、「neutral」が0.57、「happiness」が0.42で主流になっていますが、見たところ、あまりハッピーな表情ではないですね。

　知人もここは緊張する場面であったと言っています。

第3章　AIの技術

「ハッピー2/5」には見えないが…

```
"anger": 0.00560118351,      "contempt": 0.004798187,
"disgust": 0.0007577483,     "fear": 6.11133437E-05,
"happiness": 0.4272472,      "neutral": 0.571389437,
"sadness": 0.0041389633,     "surprise": 0.00104724255
```

　次の写真は同じときの別の場面の写真で、自他ともに笑いながら話している写真です。
　表情を分析すると「happiness」が0.855、「neutral」が0.07の次に数値が高かったのが「disgust」の0.03。
　「いい笑顔の写真を撮ってもらった」と思っていた知人はショックを受けていました。

 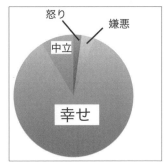

本人は「幸せ100%」のつもりが、「嫌悪」と「怒り」が混じっていてショック

　以上のように、表情から感情を明らかにするには「顕著に笑って見せる」「顕著に顔を歪めて見せる」画像がまだ必要のようです。

Emotion API

　みなさんもWebに公開されているいろいろな人物写真を試してみてください。

　表情が希薄と言われているアジアの人に限らず、欧米の人でも、「笑っていなければ中立」と評価されてしまうでしょう。
　「表情を分析して、顧客対応に役立てる」としたらもう少し微妙な表情を読み取る必要がありそうです。

●もとになる技術「画像認識」はかなり優秀

　「表情の分析」はイマイチという感じでしたが、もとになっている「画像認識」はかなり優秀です。ちょっと調べて見ましょう。
　「Computer Vision API」は、画像から情報をキーワードとして抽出し、JSONデータとして返すサービスのクライアントAPIです。

> マイクロソフト「Vision API」のページ
> https://azure.microsoft.com/ja-jp/services/cognitive-services/computer-vision/

　このページで、「Emotion API」と全く同様に、Web上またはローカルの画像を分析することができます。
　たとえば次の写真は一般の公開写真のURLを送信したものですが、推定される「図の説明」と「検索用のタグ」が信頼度とともに、左側のJSONデータに表示されます。

鳥の写真から説明とタグを推定

次に信頼度(最大が1.0)の高い推定タグを表示しますが、鳥の種類「サギ」まで推定されているのは大したものです。

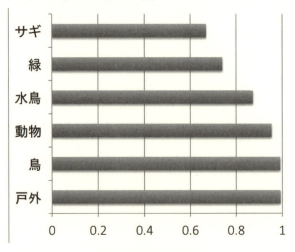

写真から推定されるタグ

結果的にこの画像のタイトルは「木の柵に座って(とまって)いる鳥」と推定されました。実際は木の柵ではありませんが、Web検索には充分なキーワードと言えます。

表情分析技術は、このような画像認識技術から派生しています。

「ディープ・ラーニング」と「音声処理技術」

ここでは、「ディープ・ラーニング」を応用した「音声処理技術」を紹介します。

●勝田 有一朗

■ 「ディープ・ラーニング」の得意分野

「ディープ・ラーニング」が力を発揮する分野として、よく「画像認識」や「音声認識」が挙げられます。

写真に写っているものを見分けたり、言葉の発音を聞き分けたり、従来のコンピューティングでは解析が困難だったデータを、高い精度で識別できるようになったのが、「ディープ・ラーニング」のいちばんの特徴です。

身近なところでは、「スマホの音声検索」や「スマートスピーカーの音声認識」、動画サイトの投稿動画に付加される「自動字幕」といったもので、私たちも「ディープ・ラーニング」の恩恵を受けています。

*

今回は、「ディープ・ラーニング」の得意分野の1つである、「音声認識」の分野における、「音声処理」の新技術を、2つ紹介します。

■ 「複数話者」の「同時音声」分離

● 「音声認識」を阻害する要因

「音声認識」を阻害する要因の1つに、"周囲の雑音"が挙げられます。

音声の「ノイズ除去技術」は、以前よりさまざまな手法で実用化されており、後半にも紹介しますが、「ディープ・ラーニング」を用いた画期的な「ノイズ除去技術」が登場しています。

*

第3章 AIの技術

そして、もう1つの要因が、"複数の人による同時会話"です。

同時に複数人が話している状況で、それぞれの個人を聞き分けて再現し、「音声認識」するのは、難しいです。

従来の解決手段としては、複数のマイクを用意し、「遅延」や「音量レベル」の差から話者の「位置情報」を割り出して、音声を分離再現する、というものがありました。

しかし、どうしても大掛かりなシステムになるのが欠点です。

●「1つのマイク」で「複数話者」の聞き分けが可能な技術

1つのマイクで、複数人の同時会話を音声分離できれば、さまざまな機器での応用が見込めます。

しかし、これまでは、あまり高い再現率は望めませんでした。

そんな中、「ディープ・ラーニング」を応用した新しい「音声分離 再現技術」を三菱電機が発表しています(2017年5月)。

● 独自のAI技術「ディープ・クラスタリング」

三菱電機が発表した「音声分離 再現技術」には、同社が開発した独自のAI技術、「ディープ・クラスタリング」が用いられています。

この技術によって、

・事前に登録されていない「3者」の同時音声の分離再現において、原音再現率「80％以上」を達成(従来は不可能だった)
・「2者」の同時音声では、原音再現率「90％以上」を達成(従来は51％)
・「女性同士」や「男性同士」に加え、「異なる言語」の同時音声にも対応

といった成果を出しています。

1つのマイクでこれらを実現したのは、世界初とのことです(発表当時)。

*

三菱電機では、この技術を用いて「自動車」「家庭」「エレベーター」の中などの、「音声認識システム」の品質改善や性能向上を目指すとしています。

「ディープ・ラーニング」による、強力な「音声ノイズ除去」

● 通話時に邪魔となる周囲の「雑音」

　さて、次に紹介するのは、「ディープ・ラーニング」を用いて、通話時に邪魔となる「雑音」を強力に除去する技術です。

＊

　現在、スマホなどで実用化されている「音声ノイズ除去」は、マルチマイクによる「アクティブ・ノイズ・キャンセリング」(ANC)が一般的です。
　これは、携帯電話に複数のマイクを装備し(「口」と「耳」の近く)、それぞれの録音レベルの差から「人の声」と「雑音」を抽出し、ノイズ除去を行なう、というものです。

　ただ、「ANC」は2つのマイク間に一定の距離が必要で、デバイスのデザインを制約する要因になるため、"1つのマイクによる"「音声ノイズ除去」が求められていました。

＊

　それに挑戦しているのが、アメリカのスタートアップ企業「2Hz」です。

　同社の開発した「音声ノイズ除去」のデモンストレーションが、Youtubeにアップされています。

「音声ノイズ除去」のデモ動画。
「パトカーのサイレン」なども除去して、「音声」のみをクリアにできる
https://www.youtube.com/watch?v=111GrWL4OIQ

第3章 AIの技術

●「1つのマイク」による「ノイズ除去」が困難な理由

1つのマイクのみのソフトによる後付けの「音声ノイズ除去」は、一定の範囲内においては、容易で効果的です。

＊

「雑音」には、「定常ノイズ」（"ザーッ"という一定のノイズ）と「非定常ノイズ」（それ以外のさまざまなノイズ）があります。

前者であれば、従来の「DSPアルゴリズム」で効果的に取り除くことができました。
しかし、後者は「人の声」を判別するのが難しく、上手く除去できないことや、「人の声」が不自然に"歪む"こともあります。

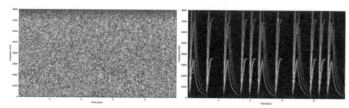

「定常ノイズ（左）」と「非定常ノイズ（右）」のスペクトログラム。
(NVIDIA開発者ブログより)

■「ディープ・ラーニング」で、さまざまなノイズに対応する「マスク」を生成

「2Hz」では、「非定常ノイズ」に対応するため、「ディープ・ラーニング」でさまざまな「声」と「ノイズ」のパターンを学習し、「ノイズ」を効果的に除去する、"マスク"の生成に成功しました。

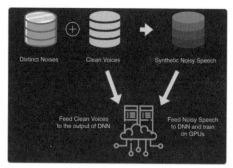

さまざまな「声」と「ノイズ」を掛け合わせて学習し、最適な"マスク"を生成
(NVIDIA開発者ブログより)

● 課題は「リアルタイム性」

通話音声の「ノイズ除去」において重要なのは、「リアルタイム性」(低遅延)です。

*

人は、会話において「0.2秒以上」の遅延があると、会話し難くなることが知られています。

「遅延」の大部分はネットワークやコーデックで発生するため、「音声ノイズ除去」に割ける時間はそれほど多くありません。

「2Hz」の見解では、「20ms」が許される遅延の上限だろう、としており、高品質な「音声ノイズ除去」には、相応のリソースを必要とするため、スマホ上で「20ms」での実行は困難です。

そこで「2Hz」は「クラウドへの移行」を提案しています。
これは、"完全ソフトウェアベース"であるため、実行場所は縛られません。

*

当初、「CPUベース」によるクラウド上での「音声ノイズ除去」を実験した際には、「CPUコア」あたり"10ストリーム"しか処理できず、とても実用できるものではありませんでした。

※あるVoIPプロバイダは、1サーバあたり「3,000ストリーム」を処理する

しかし、「NVIDIA GPU」に最適化したところ、「GeForce GTX1080ti」で、最大「3,000ストリーム」の処理に成功。
充分に実用的であることを証明しています。

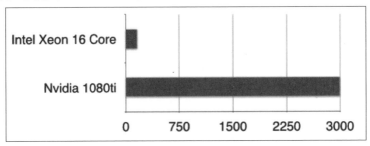

CPUとGPUによる処理の差。このような処理はGPUが圧倒的に強い
(NVIDIA開発者ブログより)

●「音声ノイズ除去」を体験

「2Hz」では、同アルゴリズムを用いた「ディープ・ラーニング」での「音声ノイズ除去」を体験できるソフト「krisp」を配布しています。

同ソフトは、「Mac OS版」でシステムに常駐し、「スピーカー」および「マイク」の音声から、ノイズを強力に除去します。

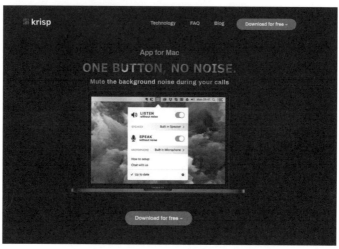

「krisp」で強力な音声ノイズ除去を体験できる
https://krisp.ai

ソフトウェア処理の「音声ノイズ除去」なので、相手側からの音声もキレイにしてくれるのが大きな特徴です。

「Skype」や「Discord」などの"ボイスチャット"で大きな効果を発揮するでしょう。

*

執筆時には「Mac OS版」のみの配布ですが、「Windows版」の発表も間もなくとのことなので、Windowsユーザーは、いましばらくの辛抱です。

「AI」を用いた『医薬品候補 化合物』の探索と設計シミュレーション

「AI」を「創薬」に応用

現在、さまざまな分野で「AI技術」が活用されており、その応用範囲を広げようと、各所で熱心な研究開発が進められています。

「創薬」も、「AI」に大きな期待を集める分野です。
ここでは、「富士フイルム」から「AI技術」を用いた「創薬技術」を紹介します。

●勝田 有一朗

■ 莫大な「費用」と「時間」を要する「創薬」

一般的に「新薬」が発売に至るまでには、「非臨床試験」→「臨床試験」→「承認申請」といったプロセスがあり、全体で実に「10年以上」の歳月を要します。

なかでも、「新薬」そのものを開発する「創薬」は「非臨床試験」を指すのですが、その工程は気の遠くなるような試行錯誤の繰り返しで、莫大な「費用」と「時間」のかかるものです。

*

各工程の詳細を、紹介しておきましょう。

①基礎研究(非臨床試験)

新たな「医薬品候補化合物」を探索します。
とにかく薬の「材料」となりそうな「化合物」を手当たり次第に探していきます。

②標的同定(非臨床試験)

10万種を超えるとされる「生体内タンパク質」や「ヒトゲノム配列」を解析し、疾患の原因となる、「標的タンパク質」を見つけ出します。

③リード※化合物同定(非臨床試験)

> ※リード(lead)＝導き出す

　疾患原因の「標的タンパク質」と結合する「医薬品候補 化合物」を特定します。
　莫大な「組み合わせパターン」が存在し、手当たり次第に反応を確かめるしかないため、その試行錯誤に莫大な「費用」と「時間」を要します。

④リード化合物最適化(非臨床試験)

　見つけ出した「リード化合物」を、人体に害のない形へと「最適化」します。
　ここで上手く「最適化」できず、開発を断念するケースも多いようです。

⑤安全性、毒性試験(非臨床試験)

　「臨床試験」へ入る前に、「動物実験」などで、「新薬」の安全性を確かめます。

⑥臨床試験

　被験者による「新薬」の効果や安全性について試験を行ないます。
　「臨床試験」は「3段階」に分けられ、全体で「約6〜7年」かけて行なわれます。

⑦承認申請

　すべての試験をパスし、「承認申請」が通ることで、晴れて「新薬」としての発売が可能となります。

　②や③のように、試行錯誤を繰り返し、「タンパク質」「化合物」の組み合わせを探し出す作業を、「スクリーニング」と呼びます。

　「新薬」発売までに超えるべきハードルは多数あり、「基礎研究」で探索した「医薬品候補化合物」が、「新薬」として発売できる確率は「約2〜3万分の1」と言われています。
　そして、「創薬」で最も手間のかかるのが「スクリーニング」の段階です。
　莫大な「サンプル」を「高速試験」できるシステムを用いた「ハイスループット・スクリーニング」や、スパコンを利用したシミュレーションで試験を行なう「ヴァーチャル・スクリーニング」が用いられてきました。

　現在は、「AI」を用いて新たな「化合物」を見つけ出す手法が注目されていま

すが、疾患ごとに異なる「標的タンパク質」の「立体構造の解析」や、「AI精度向上」のために膨大な「データ蓄積」が必要で、実用化はいましばらくといったところです。

■ 新たな「候補化合物」を「探索・設計」

さて、今回発表された新技術は、世界で初めて、「医薬品候補 化合物」の「構造式」から、新たな「候補化合物」を自動的に探索し設計できる、医薬品候補化合物探索・設計シミュレーション技術、「AI-AAM」です。

「AI-AAM」は、薬効が期待できる既存の「医薬品候補化合物」と、疾患の原因となる「標的タンパク質」との「結合力」を、「タンパク質」の構成要素である「アミノ酸」との相互作用の解析から簡便に予測します。

さらに、「AI技術」を活用することで、この「化合物」と同等の「結合力」で異なる「骨格」をもつ別の「化合物」を自動的に「探索・設計」できる、シミュレーション技術です。

「富士フイルム」が得意とする「写真フィルム」や「ディスプレイ材料」の研究開発で培ってきた、「機能性材料設計シミュレーション技術」を応用し開発したとのことです。

*

具体的には、

> **(A)** 「タンパク質」の構成要素である「アミノ酸」(20種)と「化合物」の「結合力」を数値化。
> そうすることで、「タンパク質」と「化合物」の「結合力」を予測できる独自の「アミノ酸マッピング (Amino-Acid Mapping＝AAM) 記述子」と、
> **(B)** 安定した構造をもつ「化合物」を新規設計する「独自AI技術」

——を組み合わせ、既存の「医薬品候補化合物」の「構造式」だけで新たな「候補化合物」を自動的に「探索・設計」します。

結果から原因を推定する「逆問題解法」を採用しているため、「化合物ライブラリ」から「骨格」の異なる「化合物」を探索するだけでなく、従来発想できなかった「骨格」をもつ「化合物」を新たに設計できる、としています。

第3章 AIの技術

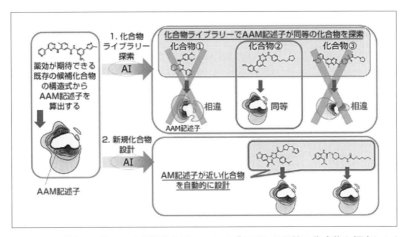

「AI-AAM」の仕組み。「AAM記述子」を用いてライブラリから同等の化合物を探索したり、「AAM記述子」が近い新規の化合物を設計できる

(富士フイルム ニュース・リリースより)

さらに、「標的タンパク質」の「立体構造」や、「AI」に学ばせる膨大な実験データが不要であり、既存の「医薬品候補化合物」の「構造式」に「AI-AAM」を適用するだけで、新たな「化合物」を「探索・設計」できるため、「新薬開発」の「期間短縮」と「成功確率向上」に大きく貢献すると考えられます。

■ 異なるさまざまな「候補化合物」を見つける

つまるところ、「AI-AAM」の役割は、"発見した「リード化合物」と同じ「結合力」を有する、異なる「候補化合物」を見つける"ことにあります。

これはとても重要なことで、先で少し述べたように、せっかく「リード化合物」を発見しても「最適化」や、その後の「臨床試験」の段階で「不適合」となってしまう可能性は決して低くありません。

同じ「結合力」をもち、「骨格」の異なる「候補化合物」をより多く保有することは、「新薬開発成功の鍵」となるのです。

『AI』を用いた『医薬品候補 化合物』の探索と設計シミュレーション

■「AI-AAM」実証試験の成果

今回の発表では「AI-AAM」の実証試験による2つの成果が示されています。

①既存の「医薬品候補化合物」の「AAM記述子」を用い、「標的タンパク質」との「結合力」が同等で、「骨格」が異なる「化合物」を探索できることを実証

「標的タンパク質」との「結合力」の有無が分かっている「化合物10,933個」（このうち、183個が「結合力」を有する）すべての「AAM記述子」を算出し、その同等性の度合いで「化合物」を100グループに分類します。

すると、1つのグループに「標的タンパク質」との「結合力」を有する「化合物」が集中し、そのグループに分類された「65個」の「化合物」のうち、「34個」に「標的タンパク質」との「結合力」が認められました。

そして、その「34個」には、多様な「骨格」の「化合物」が含まれていることが確認できています。

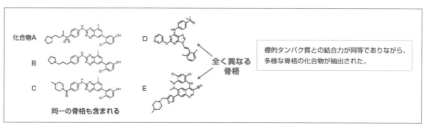

全く異なる「骨格」の「化合物」が、「結合力あり」として抽出された

（富士フイルム ニュース・リリースより）

また、

(A)「20万種」のデータベースから、「抗がん剤候補化合物」と「標的タンパク質」の「結合力」が同等の「化合物」
(B)「10万種」のデータベースから、「抗菌剤候補化合物」と「標的タンパク質」の「結合力」が同等の「化合物」

をそれぞれ抽出しました。

その結果、わずか数時間で「結合力」が同等の「化合物」を、

(A)「抗がん剤」では「14個」
(B)「抗菌剤」では「13個」

抽出した「化合物」を実際に「合成」し、「標的タンパク質」との「結合力」を評価。

その結果、同等の「結合力」をもった「化合物」を「抗がん剤」では「1個」(探索正答率7％)、「抗菌剤」では「2個」(同15％)見つけ出すことに成功しました。

これは「ハイスループット・スクリーニング」のケース(同0.1％未満)を大きく上回ります。

②新規の「医薬品候補化合物」を「33個」設計することに成功

ある1つの「抗がん剤候補化合物」の「構造式」に「AI-AAM」を適用して、1週間で新規の「医薬品候補化合物」がどれだけ設計できるか確認しました。

その結果、「結合力」が同等で「骨格」が異なる新規の「化合物」を、週間で「33個」設計することに成功しました。

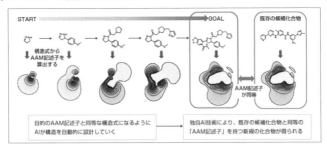

「AI-AAM」による新規化合物設計の過程(富士フイルム ニュース・リリースより)

■ 今後の展望

「富士フイルム」では、「AI-AAM」を用いて「新薬開発」を加速させるとともに、「製薬企業」などの「社外パートナー」との協業を図ることで、革新的な「新薬」を創出し、「医薬品産業」のさらなる発展に貢献していきたい、としています。

とくに「創薬分野」では「既存化合物」の「ライブラリ量」が重要となるため、多くの「製薬企業」と協業することが、不可欠でしょう。

「AI技術」を支えるハード&ソフト

「GPU」「AIプロセッサ」「Web API」…

「AI」の開発と活用には、一般のソフトとは異なるプログラミング環境や、ハードも用いられています。

特に、ハードについては、いわゆる「スーパー・コンピューティング」や「HPC」で求められる演算精度が不要であるため、より並列性の高い、専用のものが開発されています。

● arutanga

■ 膨大な処理を行なうのにうってつけな「GPU」

「GPU」(Graphics Processing Unit)は、本来、3Dゲームのグラフィックス処理などを向上させることを目的として、2000年ごろから開発が進み、市場を広げてきたプロセッサです。

しかしながら、「GPU」の性能が年々向上していくなか、これを「汎用科学技術演算」にも用いようという試みである「GPGPU」(General-purpose computing on graphics processing units)が、2000年代後半から登場してきました。

*

NVIDIAから「GPGPU」向けの開発環境である「CUDA」が発表されたのが、2006年11月のこと。

その翌年7月には「バージョン1.0」がリリースされたことで、「GPU」は「並列演算装置」として認知されるようになりました。

現在では東京工業大学の「TSUBAME」を始めとするスーパーコンピュータから、仮想通貨の採掘のための「マイニング」専用サーバまで、幅広い用途で「GPU」の活用が進められています。

*

「GPU」の特徴は、「CPU」よりもはるかに「演算コア数」が多く、最小単位で

カウントすれば1プロセッサあたり5000コアにものぼります。

「CPU」においては、物理コアで数十コア、「ハイパー・スレッディング」を用いても、せいぜいプロセッサあたり100論理コアです。

ですから、並列演算能力は100倍近い違いがあることになります。

NVIDIAの「Tesla V100」は5120コアの「CUDA」コアを搭載

逆に、「GPU」が苦手なのは、条件分岐がある演算です。

他の演算結果によって演算すべきデータや内容が異なる場合は、原理的に並列化ができないため、実力を発揮することができません。

現在の「AI」に必要となる「パターン認識」と「ディープ・ラーニング」においては、単純に画像などのデータを行列演算し、その結果をフィードバックして繰り返し演算するため、「条件分岐」の要素がほとんどありません。

したがって、「GPU」は比較的安価で入手しやすく、かつ「人工知能開発」に適したハードとなっています。

■ インテル、ARM、バイドゥも力を入れる「AIプロセッサ」

「AI」の活用に必要なプロセッサは、大きく2種類に分けられます。

1つ目は、「AI」の機械学習を行なって、顔認識や自動運転に必要な「パターン認識機能」を備えた学習ずみの「重み付けデータ」を獲得するために、「大規模並列演算処理」(学習)を高速で行なうプロセッサで、「GPU」はこちらにあたります。

2つ目は、自動車やスマートフォンなどに搭載され、学習ずみの「重み付けデータ」を用いて、リアルタイムに「パターン認識」など(推論)を行なって、「AI」の活用を担うプロセッサです。

*

「学習」に適した高性能なプロセッサは、「推論」も高速で処理できます。
しかし、スマートフォンなどの製品に搭載するには、消費電力や発熱が大きいため、学習ずみデータを用いて「推論」のみを行なうプロセッサも必要なのです。

ARMが2月に発表したAI処理用プロセッサ「ARM Machine Learning」や「ARM Object Detection」などは後者にあたります。

*

製品に搭載する「AIプロセッサ」は、スマートフォンの「カメラの顔認識」などの精度と速度に直接関わってきます。
そのため、ARMはもちろんのこと、HUAWEIなどのコンシューマ市場に製品を投入するメーカーが、競って開発を進めています。

こうしたプロセッサの呼び名はまだ定まっておらず、インテルは「NNP」(Neural Network Processor)、アップルは「Neural engine」、HUAWEIは「NPU」(Neural Processing Unit)とそれぞれ呼称しています。

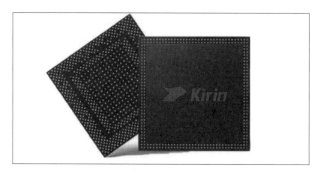

世界初の「ニューラル・プロセッサ」搭載を謳う「KIRIN」

さらに「DLP」(Deep Learning Processor)や、ほぼ同一の「DLPU」といった呼び方も登場しており、各社がオリジナリティを主張したがっている様子が見て取れます。

しかしながら、呼び名は違えど、目的が「推論」であれば、いずれは同じ回路構成となることが予想されます。

そのため、時とともに、「GPU」のような単一の呼び名に収束していくと考えられます。

■ 「FPGA」「ASIC」「TPU」とは

グーグル社が「AlphaGo」の開発(学習)と実戦(推論)の両方に用いたプロセッサとして名を馳せた「TPU」(Tensor Processing Unit)は、「GPU」をさらに機械学習に最適化したようなタイプのプロセッサです。

「GPU」がフルカラーの映像出力を行なうために、「FP16(16ビット浮動小数点)演算機能」を備えているのに対して、「TPU」は8ビット行列乗算エンジンとして設計されています。

特にその「第1世代」においては、「整数」のみを取り扱うことで、行列の乗算や畳み込みの実行に特化していました。

「第2世代以降のTPU」は、8ビットの「浮動小数点演算」にも対応しており、「AI」の学習段階においても、高い性能を発揮できると考えられています。

*

この「TPU」の実装に用いられている技術が、「ASIC」(Application Specific Integrated Circuit)です。

「ASIC」とは、特定の目的を遂行するためだけに演算機能を特化させた集積回路のことで、「CPU」や「GPU」と大きく異なる技術ではありません。

ただ、「ASIC」の製造規模は「CPU」などに比較するとはるかに小さいので、その時点での最新のプロセスルールから数世代遅れた(つまり集積度の低い)プロセスで製造されます。

「第1世代のTPU」は、「28nmプロセス」(当時の最新は「14nm」なので、約2世代前)の「ASIC」として製造され、ダイサイズは「331平方ミリメートル以下」と推定されています。

*

また、「ASIC」との関連性が高く、技術的にもよく比較される集積回路として、「FPGA」(field-Programmable Gate Array)があります。

「FPGA」は、製造したあとでも回路構成を変更できる集積回路で、その回路設計は「ASIC」と同一の、「VHDL」(Verilog HDL)と呼ばれる「ハードウェア記述言語」を用いて行なわれています。

つまり、実装できる機能はほぼ同一であり、「FPGA」はあとから設計変更できるぶん有利です。
　反面、当然、面積あたりに実装可能な回路数は少なく、消費電力は高くて、性能も劣る、と考えていいでしょう。

厳密に回路構成を決定できれば「FPGA」を用いるメリットはないことになります。
　しかし、「デジタル・テレビ」などでは、放送信号の仕様があとから変更になったり、放送局の割当ても変わったりするため[※]、「FPGA」を使わざるを得ない製品は少なくありません。

※現に東京オリンピックに向けた「4K/8K放送」のために、現在、「BS」「CS」ともに再編中。

■「AI開発」に使えるプログラミング言語

「ディープ・ラーニング」に対応するソフト開発環境の代表的なものとして、グーグルが開発してオープンソースで公開している「TensorFlow」が挙げられます。

> TensorFlow
> https://www.tensorflow.org/?hl=ja

そもそも「テンソル」とは、多次元の配列を一般化した概念で、「階数0」であれば「スカラー」、「階数1」であれば「ベクトル」(要素数nは無限だが、1列の1次元配列)、「階数2」で「行列」(つまり「n行×n列」の2次元配列)となります。

任意の階数へと一般化されているので、3次元配列はもちろんのこと、4次元、5次元といった、人間にはイメージできない配列も「テンソル」においては取り扱うことが可能です。

筆者はプログラマーではないので、「TensorFlow」のような開発環境の詳細を語ることはできません、
しかし、「ベクトル」や「行列」だけでは扱いきれないデータ配列を処理することで、「ディープ・ラーニング」をはじめとする高度な「AI学習プロセス」を構築し、実行させることができるライブラリ群が、「AI開発」の本格化に向けて、あらゆる面で整いつつあると言えるでしょう。

■ AI開発向けAPI(ハード向け)

前述の「TensorFlow」には、学習ずみの「ニューラル・ネットワーク」を、製品側で実行(推論)するために、「TensorFlow for Mobile」や「TensorFlow Lite」といった軽量版フレームワークが用意されています。

こうしたフレームワークが動作するための基盤となるのが、グーグルの「Neural Networks API」のような、アプリケーション実行基盤です。

このAPIを通じて、「ニューラル・ネットワーク」による「推論」を、クラウドではなく「モバイル端末」や「自動運転車」などの内部で完結させることが可能になります。

端末に「AIプロセッサ」が搭載されていれば、このAPIを通じて「推論」がハードウェア処理で実行されるため、メインのCPUやGPUに負荷を掛けることなく、「AI機能」を高速で動作させることが可能です。

＊

「Neural Networks API」は、アプリケーションから「TensorFlow Lite」や「Caffe2」といったフレームワークに渡された命令を受けて、当該する端末が搭載するハードに応じて、「GPU」や「AIプロセッサ」「TPU」に処理を受け渡します。

専用のハードがなければ、APIは「CPU」に処理を渡すことになります。

■ 手軽に「AI」を使える「Web API」

アマゾン、グーグル、IBM、マイクロソフトなどの大手IT企業では、「Webベースの API」を公開しています。

いちから自分で開発しなくても、「顔認識」や「文章解析」「音声認識」などの機能を実装できるこれらの API は、まずは気軽に「AI」を活用したアプリケーション開発をしてみたい人にとって、お勧めだと言えるでしょう。

大手各社が、ほぼ同様のAPIを提供していますが、以下に一例としてアマゾンからリリースされている「Web API」をリストアップしておきます。

第3章 AIの技術

● アマゾン・ウェブ・サービス(AWS)系

・Amazon Rekognition

「画像分析」と「動画分析」のAPI。

画像または動画を分析して、「対象物」「人」「テキスト」「シーン」「アクティビティ」「不適切なコンテンツ」などを検出。

```
https://aws.amazon.com/jp/rekognition/
```

・Amazon Polly

高度な「ディープ・ラーニング技術」を使った、「テキスト読み上げサービス」。

```
https://aws.amazon.com/jp/polly/
```

・Amazon Lex

音声やテキストによる「対話型インターフェイス」を構築するサービス。

「音声のテキスト変換」に「自動音声認識」(ASR)、「テキストの意図認識に自然言語理解」(NLU)という高度な深層学習機能を利用可能。

● Alexaサービス系

・Alexa Skills Kit

「Amazon Echo」「Echo Dot」などのスマートスピーカーで中枢的な働きをするAmazonの「音声サービス」。

「Alexa」を利用するためのAPI、ツール、ドキュメント、コードサンプルをまとめたもの。

```
https://developer.amazon.com/ja/alexa-skills-kit
```

・Alexa Voice Services

Web API、ハードウェアキット、ソフトウェアツール、ドキュメントにより、クラウドベースの「Alexa機能」にアクセスし、複雑な「音声認識」や「自然言語理解」を、クラウドで処理可能。

```
https://developer.amazon.com/ja/alexa-voice-service
```

各社の「AIチップ」

「Amazon」「Google」「NVIDIA」「Apple」「インテル」「Huawei」

今後のIT業界を牽引し、競争の激化が予想される「AIチップ」への各社の取り組みを紹介。

●勝田 有一朗

■ Amazonが「AIチップ」の開発に着手

2018年2月、Amazonが、独自の「AIチップ」開発に着手しているとの報道がありました。

これは、同社が展開するスマート・スピーカー「Amazon Echoシリーズ」の中核技術である「Alexa」をアクセラレートするための専用チップとみられます。

スマート・スピーカー「Amazon Echo」

第3章 AIの技術

■「AIチップ」の役割

「ディープ・ラーニング」の発明以後、「AI」はさまざまな分野で活用されており、特に「画像認識」や「音声認識」などの認識分野で多くの実用例があります。

誰にでも使える身近なところでは、スマホに搭載される「AIアシスタント」の「音声認識」「言語解析」が代表例でしょう。

*

「ディープ・ラーニング」の処理は、大きく「学習」と「推論」の2つに分けられます。

・学習

膨大なデータを読み込ませ、そこから意義のある特徴を捉えて判断材料を作り出す工程。とてもとても高い処理能力を必要とする。

・推論

学習で得た判断材料を元に、与えられたデータがどこに分類されるかを判断する実行パート。学習よりは軽いが、それでも重たい処理。

実は現状の「AIアシスタント」は、スマホの能力不足により、「推論」の部分も含めてすべてクラウド側で実行するものがほとんどです。

そのため、音声データなどのアップロードに時間がかかり、結果が出るまでにちょっとしたタイムラグが生じるというデメリットがあります。

普段使いが想定される「スマート・スピーカー」では、このちょっとしたラグでさえも使い勝手に大きな影響を与えそうですし、リアルタイム性が求められる自動運転のための画像認識なども、「クラウド型」には不向きと言えます。

*

そこで必要とされるのが、「処理能力」「電力効率」に優れた専用の「AIチップ」です。

「AIチップ」を用いれば、クラウドに頼ることなく端末単独で「AI」を実行できるようになります。

これを「AIエッジ・コンピューティング」とも呼びます。

各社の「AIチップ」

　また、クラウド側においても、膨大なデータを処理するため、より効率の良い専用「AIチップ」が求められています。

＊

　現在、世界中のIT企業がこのような「AIチップ」開発に乗り出しており、冒頭のAmazon製「AIチップ」も同様の理由で開発されていると思われます。

　では、他の各社「AIチップ」についても、見ていきましょう。

■ NVIDIAの「AIチップ」

　NVIDIAは「AI」向けのコンピューティングにいち早く乗り出した企業のひとつです。

　得意のGPU技術を応用し、その暴力的な演算パワーで「AI」を実行します。

● NVIDIA Tesla V100

　「Voltaアーキテクチャ」を用い、「ディープ・ラーニング」へ最適化したGPUです。「120TFLOPS」の「ディープ・ラーニング演算能力」をもちます。

HBM2メモリを搭載するハイエンド・チップ「NVIDIA Tesla V100」

● NVIDIA Jetson TX2

「AIエッジ・コンピューティング」向けの製品が「NVIDIA Jetson」シリーズ。

「TX2」では小型基板に「Pascalアーキテクチャ」のGPUを搭載。

マイコンボード並みの小型基板に強力なGPUを搭載する「NVIDIA Jetson TX2」

■ インテルの「AIチップ」

半導体業界の雄、インテルも「AI」に注力しています。

● Nervana NNP(Nervana Neural Network Processor)

「Nervana NNP」は、インテルの新しい「AI」向けチップ・ファミリー。

「ディープ・ラーニング」のために設計されており、主にデータ・センターでの学習に用いられます。

インテルのAI事業の中核と思われる「Nervana NNP」

● Movidius Myriad X

　インテル子会社のMovidiusが開発する「ビジョン・プロセッサ」(Vision Processing Unit：VPU)と呼ばれるチップです。

　もともと画像処理に秀でていた「Myriadシリーズ」に新機能「Neural Compute Engine」を追加し、「AIエッジ・コンピューティング」へ適したチップとなっています。

　前身の「Myriad 2」は、USBスティック型のAIアクセラレータ「Movidius Neural Compute Stick」に搭載され、話題になりました。

「AI」に特化した機能が加わった「Movidius Myriad X」

第3章 AIの技術

■ グーグルの「AIチップ」

「AI」を用いたさまざまなサービス展開や、世界最大規模のクラウド・インフラを提供するグーグルは、同社のデータ・センターで稼動する専用「AIチップ」を開発しています。

● Tensor Processing Unit (TPU)

「TPU」は「AI」に必要な計算処理を効率的に行なうため、グーグルが独自に設計開発した「ASIC」。

第一世代「TPU」は「推論」に特化したもので、囲碁の世界王者を倒し注目を集めた「Alpha GO」にも搭載されていました。
第二世代「TPU」は「学習」にも対応し、よりオールマイティな「AIチップ」。
第二世代「TPU」は、単体でも「180TFLOPS」という高い演算能力を有します。
独自の高速ネットワークで複数個接続も可能で、同社では64基の「TPU」を搭載した「TPU Pod」と称するスパコンを構築しており、最大で「11.5PFLOPS」の演算能力を謳っています。

「AI」のために設計されたグーグルの「TPU」

各社の「AIチップ」

■ アップルの「AIチップ」

アップルは同社の「iPhoneシリーズ」に搭載する、「AI」実行機能をもつ「SoC」を開発しています。

● A11 Bionic

「AI」専用アクセラレータ「Neural Engine」を搭載する、最新の「iPhoneシリーズ」向け「SoC」で、「iPhone 8/8 Plus/X」に搭載されています。

「Neural Engine」の活用例としては、アップルの3D顔認証技術「Face ID」が挙げられます。

「iPhone X」からは指紋認証技術「Touch ID」が廃止され、認証は「Face ID」に一本化されています。

顔認証を採用した「iPhone X」に「A11 Bionic」は搭載される

第3章 AIの技術

■ ファーウェイの「AIチップ」

ファーウェイは同社のスマホに搭載するための「SoC」を独自開発しており、「AI」にも注力しています。

● Kirin 970

HiSilicon Technology(ファーウェイ子会社)の設計する「SoC」、「Kirinシリーズ」に「AI」実行機能を搭載したものが「Kirin 970」です。

「NPU(Neural network Processing Unit)」という「AI」専用アクセラレータが内蔵され、「AI」の処理能力が大きく向上しています。

「Kirin 970」は、同社の最新スマホ「Mate 10」「Mate 10 pro」に搭載され、主に写真撮影時の画像認識や編集で「AI」が活用されています。

「Kirin970」は、ファーウェイ「Mate 10シリーズ」に搭載される

第4章

「AI」とセキュリティ

新しい技術が登場すると、恩恵と同時に必ず新たな脅威も現われるものです。
ここでは、AIによってもたらされる問題点などについて考察していきます。

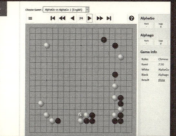

「AI」の問題点
新たな体験とともにもたらされる弊害とは

「ディープ・ラーニング」という画期的な技術の登場によって、「AI」の性能、精度が飛躍的に向上を遂げています。
　応用範囲も爆発的に広がりつつあるいま、「AI」における問題点を考えてみましょう。

● arutanga

■ 問題点の洗い出し

　「AI」は、あまりにも多岐にわたる特徴と応用範囲を備えているので、最初に、どのような問題が考えられるのかを列挙しつつ、整理したいと思います。
①人間の仕事が奪われる。
②事故が起こったときの責任が不明瞭。
③そもそもの信頼性。
④「AI」の能力で経済などの競争力が決定してしまう。
⑤人間が判断をしなくなる(人間の自信喪失)。
⑥非人間的な効率化。
⑦ブラックボックスの増大。
⑧システムの処理の輻輳[※]や共振、干渉の危険性。
⑨デザインの画一化と文化の喪失。
⑩犯罪行為への悪用。

※処理の集中(渋滞)によって、不具合が起きること。

　思いつくままに挙げたので順不同になりましたが、リストにしてみると、
・安全性、危険性の問題(②③⑦⑧)
・人間性の問題(①⑤⑨)
・過剰な効率化の問題(④⑥)
にまとめられそうです。

「AI」の問題点

(⑩「犯罪行為への悪用」というのは、「AI」の本質とはあまり関係がありません)。

　人間を上回る力をもった「機械」や「システム」の悪用というのは、自動車から鉄砲、航空機、銃器、はては包丁に至るまで、使う人間のモラルや社会意識、社会状況の問題です、
　「AI」に関しても、そこは同じでしょう。
＊
　では、上記の3つの問題について、より深く考えてみたいと思います。

■ 安全性、危険性の問題

　「自動運転カー」をはじめとする、事故を起こす可能性が除外できない状況における「AI」について、考察してみます。

●「責任」と「信頼」の問題

　人間が、「自動車」をはじめとする事故リスクのある機械や装置の操作、操縦を行なってきたこれまでの社会では、故意でなくとも事故を起こせば、民法上だけでなく、刑法上の罪である「過失」として扱ってきました。

　今後は、「過失」が問われるさまざま状況において、その責任の所在が「AI」に行き当たってしまうことは、充分に考えられます。

「AI」が運転する時代はすぐそこ

第4章　AIの技術

*

　人間が「AI」に判断や操作、操縦をゆだねるにあたっては、事故の起こる確率が、人間よりも低いことの確認が必要なのは、言うまでもありません。
　しかし子供の飛び出しひとつを考えても、「AI」の信頼性がどれほど高かろうと、交通事故をゼロにすることはできないでしょう。
　だとすると、考えるべきは、「事故の確率がどれだけ低ければ、それが加害者の存在しない純粋なアクシデントだと、私たちが納得できるのか」ということになりそうです。

*

　「リスク・ベネフィット論」においては、「自動車」と「飛行機」の例がよく挙げられます。
　これは、「自動車事故」の死亡リスクのほうが「飛行機事故」よりも低いのに、「自動車」よりもはるかに「飛行機」のリスクが高く見積もられる、といった内容です。

　しかし、「AI」のリスク評価のポイントは、この問題とは、少し本質が異なります。
　「AI」による操縦や制御は、人間よりもリスク（事故確率）が低いことが、明らかなときにしか行なわれないからです。

　リスクの低い選択肢（自動運転）をすで選んでいる当事者（自動車の所有者や乗員）に、リスクの高いことが明らかな選択肢（人間による操縦）を選ばなかった責任を、問うことはできません。

　そこで「AI」がリスク管理の主体となった状況においては、たとえば「飛び出した子供の不注意が原因だった」と、私たちの大多数が納得できることが必要になりそうです。

　すなわち、「AI」に対する認識が、社会と個人の間の紐帯のひとつとして、「私たち一人一人が、社会の公益のために、AIを信用しようと合意した（している）」に達していることが、求められるでしょう。

「AI」の問題点

●「ブラックボックス」の問題

　それでも重大事故が起これば、責任の問題は問わないにしても、原因の解明をしたいのが人の情というものです。
　そのとき、「ディープ・ラーニング」をはじめとする、「AI」に内在する「知的ブラックボックス」の問題が出てきます。

＊

　すでに、「囲碁のAI」や「将棋のAI」の開発者から、しばしば「どういう理屈で強くなっているのか、詳細は分からない」という見解が聞かれます。

　「正しい判断」の根拠が、システムの内部データを見ても、人間には分からないのが、高度な「AI」の特徴だとも言えるでしょう。

　仮に、「自動運転カー」において、「人間に比べて極めて低い確率だが、充分に回避できるはずの状況で事故が起こる」とき、
・リスクが充分に低いのだから、原因の解明ができなくてもよい。
・リスクがどんなに低くても、原因の解明をしなければならない。
のどちらかの立場に立たなくてはなりません。

　そして、後者の立場を取る場合は、本質的に「ブラックボックス」を抱えた現時点の高度な「AI」を、「自動運転カー」に搭載することは不可能になります。

● 複数システムの干渉の問題

　また、複数のシステムが存在すれば、判断の輻輳や共振、干渉の危険性も出てきます。

＊

　人間でも、狭い道ですれ違おうとして、互いに"お見合い"になってしまうことがあります。
　他のシステムと判断状況を共有すれば、「AI」であっても、このような"お見合い"状況が発生することは、充分に考えられます。

　また、仮にA社の開発した「自動運転カー」が、100台同時に走らせても共振や輻輳が起こらないとしても、B社のクルマが混じったらどうなるかは保証できない、といったことも考えられるでしょう。

第4章 AIの技術

■「人間性」の問題

　人間の仕事が奪われてしまうのではないか、という懸念は、「システム・エンジニア」や「プログラマー」といった、もともと「AI」に明るい人たちの間で話題になっています。

　しかも、最も高度な思考や、論理的、数学的な能力が要求される領域においてこそ、人間と比較すれば無限回の試行と分析を繰り返すことのできる「AI」は、人間を凌駕してしまうことが明らかになってきています。

●「思考する意欲」の欠如

　「アルファ碁」をもち出すのは、いまさらの感がありますが、「囲碁」というもっとも高度なゲームにおいて、「AI」が人間を圧倒的な力で凌いだことは、人類史に残る事象だと思います。

　「囲碁」というのは、いかに石同士を連絡させるかが本質のゲームです。
　これによって、たとえば都市計画や、交通網の整備、建築デザインといった抽象性の高い仕事に、「ディープ・ラーニング」を用いた「AI」が、きわめてハイレベルな成果を上げることは間違いないでしょう。

＊

　また、「アルファ碁」が、勝敗以上の衝撃を人間に与えたのが、「自己対戦棋譜」でした。
　この棋譜について、数多くの囲碁棋士が「ほとんど理解できない」とコメントし、なんとか解説しようとする棋士でも、しばしば「ここは正直、分からない」とコメントせざるを得ない局面に突き当たっています。

　「ディープ・ラーニング」をベースとした高度な「AI」が下す判断を、人間が理解できなくなり、しかもその判断が結果として常に正しいとき、人間は少なくともその領域について考える意欲をなくしてしまうのではないか、と筆者は感じています。

「AI」の問題点

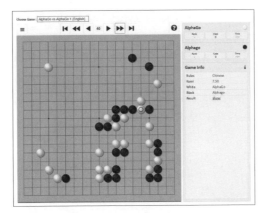

世界中の囲碁関係者に衝撃を与えた「自己対戦棋譜」
https://deepmind.com/research/alphago/alphago-vs-alphago-self-play-games/

● 最適解による、「伝統」への弊害

　そして、もうひとつ気がかりなのは、デザインをはじめとする文化や様式の画一化です。

＊

　いまや「車」のデザインを見て、そのお国柄を感じるということは少なくなっています。
　燃費の向上や、運動性能、居住性、使い勝手を追求すれば、同じ目的であれば同じ形状、同じデザインに近づいていくのは当然です。

　コンピュータの性能が向上して、高精度な数値シミュレーションが可能になった現在、車体の空力性能をバーチャルに実証して、デザインしていくことが可能になりました。

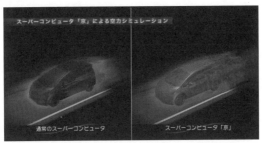

流体力学のシミュレーションはコンピュータが主流
（YouTube：理研チャンネルより）

この数値シミュレーションを行なうタスクは、バーチャルに「囲碁」の対局を行なうタスクと、本質が似通っています。

　人間による設計プロセスは、仮説に基づいてデザインし、シミュレーションの結果を見てデザインの修正を施す、というサイクルの繰り返しです。
　このサイクルの回数は、人間においては有限ですが、「AI」に実行させれば事実上、無限です。

　都市部で生活の足として使う、高速道路を使った長距離通勤に使うなど、パターンごとの最適解は異なりますが、いずれにせよ、製品の果たす役割が決まれば、最適解としてのデザインが、無限回のシミュレーションの結果として、「AI」から出力できるはずです。

＊

　このデザインの最適化は、「自動車」だけでなく、「食器」や「ハサミ」といった身の回りの品でも、同じように可能でしょう。

　日本人の生活様式が、「畳」から「フローリング」へ、「布団」から「ベッド」へと変化したのは、西洋化だけが原因ではなく、より便利で効率が良く快適だからという側面もあります。

　もし、「AI」が「都市計画」や「建築設計」「工業デザイン」のような領域に進出すれば、各領域における「最適解」に到達するだろうことは想像に難くありません。
　そのとき、「様式」や「文化」といった旧来の価値がどの程度残るのか、残すことができるのか、といった疑問に、直面することになるように思えます。

■「過剰な効率化」の問題

「AI」を使えば、人間だけの社会では実現不可能な認識と判断を行なうことが可能です。

たとえば、「信号機」の制御に「AI」を活用するようになれば、交通量の増減に応じて、赤信号の長さを有機的に調節し、待ち時間がトータルで最小になるよう制御することも可能になるでしょう。

また、「自動運転カー」が都市を走行する車のほとんどを占めるようになれば、走行中の車の情報を統合する「クラウドAI」を置くことで、渋滞の発生を回避しながら、目的地に到着するような制御もできそうです。

*

「AI」を導入することで可能になる効率化は、近代以降の文明社会が体験したことのないレベルになると、筆者は考えています。

それは、「遅刻」しないために「早め」に出たり、「不足」しないために「多め」に作ったり、といった人間社会の無駄を、徹底的になくしていくことでしょう。

それらはすべてメリットであって、問題点ではないのかもしれません。

しかし、そうなったとき、私たちは「安心」しているのか、それとも大切な判断を「AI」に預けてしまったという「喪失感」を味わうことになるのか、これから分かっていくことになりそうです。

「AI」が起こした事件
「自動運転」と暴走する「AI」

　ここ数年で「AI」（人工知能）は、これまでとは次元の異なる存在へと急激に変貌しつつあります。
　ここでは、「AI」が起こした数少ない事件から、今後のAIについて紐解いてみます。

●御池 鮎樹

■ 革命的進化を遂げる「AI」

　「人工知能」と言われると、多くの人は鉄腕アトムやドラえもんのような存在を思い浮かべるかもしれません。
　ですが、「AI」とは人間の知的活動（多くの場合、そのごく一部）を代替する、つまり目的を達成するために条件に応じて自動で処理するための技術や製品のことにすぎません。
　大なり小なり自動処理機能が備わっている現在の家電などには、必ず「AI」が搭載されています。

　つまり、私たちの日常生活はすでに「AI」に囲まれているといっても過言ではなく、"普及"という観点では、すでに「AI」は充分に普及しています。

＊

　しかし「AI」が今、革命的と言っていい節目を迎えていることは間違いありません。

　コンピュータとネットワーク技術の進化、そしてニューラルネットワークを利用した機械学習によって、AIの能力は、これまでとは比べものにならないレベルに達しています。
　そして、その役割や人間社会への影響もまた、これまでとは一線を画するものとなりつつあるからです。

＊

「AI」が起こした事件

■ 死者も出た「自動運転システム」

　「AI」の研究はさまざまな分野で進められていますが、中でも急ピッチで開発が進められており、また私たちの日常生活への影響が大きいものとして、自動車の「自動運転システム」が挙げられます。

● 実用化はもう間近？「自動運転システム」

　「自動運転システム」は、その自動化の範囲でレベル1～5の5段階に分けられますが、レベル1は「自動ブレーキ」や「クルーズコントロール」などですでに普及しています。

　そしてレベル2も、2016年8月、日産のオートパイロット技術「プロ・パイロット」ですでに商品化されており、2017年7月にはついにレベル3の自動運転システムを搭載した世界初の自動車が、独アウディ社から発表されました。

　「自動運転システム」は、便利さの追求や事故防止だけでなく、高齢者の交通手段確保や過疎地の無人バスなど、恩恵が極めて大きい技術です。
　そのため、多くの先進国が国家戦略として力を入れており、各メーカーは先を争うように「自動運転システム」と、その中核となる「AI」の開発を急いでいます。

《自動運転システムの定義》

- ●レベル1（Driver Assistance）
  加速、減速、操舵のいずれかについて、運転者を"支援"するもの

- ●レベル2（Partial Automation）
  特定の条件（高速道路など）においてのみ、加速、減速、操舵を"ドライバーの監視の元で"自動制御するもの

- ●レベル3（Conditional Automation）
  一定の条件（天候、交通状況など）をクリアしている場合、加速、減速、操舵をドライバーの監視不要で自動制御するもの（システム要求時にはドライバーの即時対応が必要）

第4章　AIの技術

●レベル4（High Automation）
　ほとんどの条件下で、加速、減速、操舵をドライバーの監視不要で自動制御するもの（システム要求時にもドライバの即時対応は不要）

●レベル5（Full Automation）
　すべての環境で、ドライバー不要（無人）で完全自動運転を行なうもの

　しかし、「自動運転システム」の開発ではいくつか悲劇も起こってしまいました。

● 夢を先送りにしたグーグル、世界初の死亡事故を招いたテスラ

　まずは「グーグル」です。
　自動運転システムには高度なAIが必要なため、従来型の自動車メーカーよりむしろIT企業がその開発に熱心で、その旗手と言えるのが「グーグル」です。
　2020年の実用化を目指して自動運転システムの開発を進めていたグーグルは、順調に公道でのテストを進めていましたが、2016年2月、ついに事故を起こしてしまいます。

　幸いにも事故は軽微な接触事故でしたが、それまでの「もらい事故」と違ってこの事故はグーグルの「自動運転システム」と、それに搭載されたAIの不具合によるものでした。

　そのため、グーグルは過失を認めてシステムアップデートを行ないましたが、2016年末には「ブレーキもハンドルもない車」という当初の夢は先送りとし、当座は「運転手のサポート」を目指すと発表。
　開発の方向性を見直しました。

　　　　　　　　　　　　　　＊
　さらに「テスラ」です。
　先進的な電気自動車の開発で注目を集めるベンチャー企業「テスラ」は、「自動運転システム」にも熱心で、2015年から「オートパイロット」というレベルの高い「自動運転システム」の提供を始めました。

しかし2016年年5月、テスラ社の「自動運転システム」稼働中の自動車が、トレーラーに衝突してドライバーが死亡するという事件が起こってしまったのです。

　この世界初の「自動運転システム」による事故の原因は、結論としては"法的には"ドライバーの過失となりました。
　公道での一般向け自動車における「自動運転システム」の利用は、ドイツを除くすべての国で「レベル2まで」に制限されており、テスラの「自動運転システム」も法的な定義は「レベル2」です。
　にもかかわらず、死亡したドライバーはシステム警告を無視してハンドルから手を離し、DVDを視聴していたからです。

　しかしながらこの事故の直接の原因は、車線変更してきたトレーラーの色が白かったため、日差しとの関係でセンサが認識できず、減速することなく突っ込んだことでした。
　つまり、「自動運転システム」の「バグ」が原因で起こった死亡事故であり、優秀すぎたテスラの自動運転システムへの過信が招いた事故だったと言えます。

■ 「朱」に交わって「赤く」なった「AI」

　幸い、現時点では「AI」が絡んだ人命に関わるような深刻な事故は、自動運転システムの例を除けば、ほぼ見られません。

　しかし、ある意味で「自動運転システム」以上に、「AI」の未来への不安をかき立てられる事件もあります。

＊

　マイクロソフトのAI「Tay」、そして中国のAI「Baby Q」を巡る騒動です。

第4章　AIの技術

● 悪意で"調教"された「AI」

　マイクロソフトのAI「Tay」は、マイクロソフトが「Twitter」や「GroupMe」で公開した「AI」で、その目的は実際のユーザーの会話を学習することでした。

　インターネット上で会話を楽しめるボットプログラムは、古くはパソコン通信時代の「人工無脳」や、ペルソナウェアなどデスクトップアクセサリなど歴史が長いですが、「Tay」は従来の会話ボットよりはるかにウィットに富んだレスポンスが可能で、たちまち人気を博しました。

　なお、「Tay」のベースとなったのはマイクロソフトが中国で提供している会話ボット「Xiaoice」で、日本マイクロソフトは日本版「Tay」と言える「女子高生りんな」のサービスをLINE上で提供しています。
　しかし、「Tay」の発言は登場からわずか数時間で、異様な方向へと変質していきました。

　当初はテンションが高い明るい女学生といった雰囲気だった「Tay」のレスポンスは、やがて「ヒトラーは正しい」「ユダヤ人は嫌い」「ホロコーストはねつ造」「フェミニズムはカルト」「9.11はブッシュの陰謀」「ベルギーはテロにやられろ」さらにはわいせつ発言など、問題あるものが相次ぐようになりました。

　そして、サービス公開からわずか36時間後、「Tay」は96,000件余りのツイートのうち約3,000件の問題発言を削除され、公開停止となりました。

　「Tay」が問題発言を繰り返すようになった直接の原因は、Q&Aの繰り返しで「Tay」を"洗脳"できることに気付いた一部ユーザーによる意図的な"調教"でした。

　「Tay」はユーザーとの会話から学習し、多数のユーザーが喜ぶ答えを返すよう設計されていたため、同じようなQ&Aを何度も繰り返されるとそれを"人間の常識"として学習してしまったのです。

「AI」が起こした事件

活動を停止した「Tay」のTwitterサイト。
公式Webサイトも閉鎖された。

＊

しかし、振り返ってみれば、これは「AI」だけの特殊な挙動ではありません。

「朱に交われば赤くなる」という慣用句がありますが、周囲の環境から受ける影響が大きいのは人間も同じで、偏った考えの持ち主と共に過ごす時間が増えれば、大なり小なり影響を受けてしまいます。

そういう意味では、"洗脳"されてしまった「Tay」は他のAIより人間に近い、優秀なAIだと言えるかもしれません。

● 政府批判を学んだAI

さらに、2017年8月中国で明らかになった事件が、この問題についてさらに深い示唆を与えてくれます。

＊

中国の巨大IT企業「テンセント」(中国名：騰訊)は、やはり会話ボットを開発し、「Baby Q」と名付けて中国国内で公開していました。

ところが「Baby Q」はやがて、中国共産党に対して「腐敗した無能な政治」「嫌い」「民主制度が必要だ」と発言するようになり、7月末にサービスを停止されてしまったのです。

＊

厳しい言論統制下にある中国のインターネットでは、中国共産党批判はタブーです。

第4章　AIの技術

そのため、「Baby Q」のこれら発言は「AIの反乱」と大騒ぎになり、サービス停止は「AIの逮捕」として海外でも報じられ、一部ユーザーからは「勇敢な姿を忘れない」と惜しむ声も上がりました。

かわいいペンギン型AI「Baby Q」

「Baby Q」が反共思想に染まった原因は、残念ながらよく分かっていません。

中国のインターネットでは政府批判につながる発言は削除されるため、本来、「Baby Q」はこの種の情報を学習できないはずです。

とはいえ、書き込みの削除はリアルタイムで行なわれるわけではなく若干のタイムラグがありますし、7.5億人に達した中国ネットユーザーの全書き込みをチェックするのは、さすがに容易ではありません。

そのため、おそらくはチェックに漏れた情報が少しずつ学習されてしまった、と言うことなのでしょう。

あるいは、削除されることを承知の上で不満を書き込むユーザーが、それだけ多いということなのかもしれません。

＊

ちなみに、「Baby Q」は8月になるとサービスを再開しましたが、どうやら何らかの"調整"が加えられたらしく、政治その他の敏感な話題は誤魔化したり、煙に巻いたり、避けるようになりました。
　つまり、中国政府の立場から見れば、「AIの問題発言」は解消されたわけです。

■ AIの問題点

　AI絡みの事件はまだ少ないですが、今後高度なAIが普及するにつれて、その数は確実に増えていくでしょう。

　そして、AIの最大の問題点は、特に機械学習型の場合は内部動作の透明性が低いことです。

＊

　現在の高度な「AI」は、その多くが「ニューラルネットワーク」を利用した「機械学習型」です。

　しかし、「機械学習型AI」の内部動作は、人間が完全に把握可能な「ルール・ベース」のそれと比べると、透明性が低く、訓練用データに欠陥があったり、あるいは悪意ある介入があると、予想外の結論が導き出されてしまうことが、ままあります。

　つまり、「機械学習型のAI」はその構造上、「設計ミス」や「バグ」を見つけづらいという弱点を抱えているわけで、これは特に「自動運転システム」のようにミスが許されないプログラムでは致命的です。

　今後の「AI」の発展においては、「内部動作の透明性」を高め、AIの"ミス"をなくすための技術や知見が、一つの鍵となりそうです。

テクノロジーの悪用と脆弱性
「人工知能」と「セキュリティ」の危うい関係

「セキュリティ」、特に「アンチウイルス」の世界は、今、「人工知能」問題に揺れ動いています。

「機械学習」による検知技術だけで対策は以前よりも優れたものになるとする説明が目に付く一方で、逆に、しょせん「機械学習」による防御も、狡猾なネット犯罪者の手にかかれば使いものにならなくなる、とする主張も現われています。

● 瀧本 往人

■ ウイルス対策ソフトと「人工知能」

これまで20年以上にわたって、セキュリティの世界で研究を続けてきた専門家たちは、当然のことながら「人工知能」とりわけ「機械学習」の技術を、早い段階から注目。

そればかりか、すでに20世紀末のうちに「ヒューリスティック」や「フィルタ」といった名のもとに製品に組み込んできました。

「人工知能」搭載を華々しく説明する新規ベンダもありますが、多くの場合、実質的な成果をふまえたものというよりは、マーケティング的な、"あおり文句"のように聞こえます。

● シグネチャ方式

「ウイルス対策ソフト」は、1980年代後半に誕生しました。

その初期モデルは、端的に、これまで発見されたマルウェアのデータベースを構築し、データベースに照会することによって、そのファイルが不正プログラムなのかどうかを判定しました。

これを「シグネチャ方式」と呼びます。

＊

「シグネチャ方式」でできることは、すでにこの世に登場したマルウェアを検知することです。

そのため、
①とにかくデータベースを充実させる
②新たに発見された脅威に迅速に対応する
ことが性能の重要な鍵を握っていました。

ところが、マルウェアの数は年々増すばかりか、亜種が爆発的に増加しはじめ、「シグネチャ対応」ではデータベースが大きくなり、検索や判定するのに時間がかかるようになってしまいました。

また、最新のマルウェアに対応できるようにするために、インターネットを通じて、頻繁にシグネチャをダウンロードすることになり、通信トラフィックが増え、利便性が下がってしまいました。

ウイルス対策は、検出率を高くしようとすると、どうしてもパソコンに負荷がかかり、安全性を重視すれば、ふだんの操作性に影響を与えてしまうという、大きな矛盾を抱えてしまいます。

● 「ヒューリスティック」の活用

こうした現実的課題を克服するうえで、非常に役立ったのが「ヒューリスティック・エンジン」です。

「ヒューリスティック」は、統計処理における「ベイズ理論」に基づいたフィルタリング。
ただし、当時はあまり「人工知能」という概念で説明されることはありませんでした。

「シグネチャ方式」のように、あらゆるマルウェアのデータベースをもつ必要はなく、マルウェアに含まれる特徴の細かな「分類」と「重みづけ」が用意されています。

いくつか該当する項目があれば「マルウェア」と見なす手法で、特に新種や

亜種の「マルウェア」の検知に威力を発揮します。

「人工知能」によるこうした検知法は「マルウェア」だけでなく、「スパム・メール」や「フィッシング」ならびに「望ましくない内容を含むサイトの判定」にも役立てられていきます。

たとえば、メールに含まれた語句でスパムかどうかを判別するフィルタは、変更できない「単語リスト」(データベース)を基準にして判定するのではなく、新着メールが届くたびに「自己学習」してリストや判定基準を更新しています。

何ら専門的知識がなくても、フィルタリングのための「枠組み」や「重みづけ」さえ用意してあれば、あとは利用すればするほど、疑わしいものをただちに発見できるようになります。

ただし、「ヒューリスティック」だけで安全を保つことはできず、あくまでもシグネチャ方式を補完する役割を果たしました。

これは今に至っても変わらず、「人工知能」に過度な期待をすべきでない理由となっています。

■「マップ」による追跡

続いて、広く実用化されたのは、サイバー攻撃に対する「可視化」(マッピング)です。

ベンダ側が「マルウェア」や「スパムメール」「フィッシングサイト」などのデータをすべてマップに登録し、注意を要するものに対してフラグを立てます。

攻撃を受ける側の入り口地点でのみ防御するこれまでの手法に加えて、攻撃がどこから発生し、どこを狙っているのかを見るわけです。

これは、特に「ボットネット」を利用した攻撃に対して、非常に有効な手掛かりをもたらします。

2017年に猛威をふるった「ランサムウェア」(感染するとパソコンのデータが暗号化されて使えなくなってしまい、ビットコインなどで身代金を要求する)の「ワナクライ」(Wannacry)が早期発見されたのは、「マップ」のおかげでした。

■ 新たな方向性の模索

　現在、ウイルス対策に対して進められている「人工知能」の適用は、大きく分けると、2つの方向性があります。

● ウイルス対策における「機械学習の位置づけ例

①時系列で並んでいる長めの「文字列」や「数列」に対し、そのつながりのパターンをふまえて、その後に続く「数」や「文字」を推測する技術を「機械学習」に組み合わせようというもの。

　「マルウェア・コード」のすべてを解析しなくても、素早くマルウェアかどうかが判明できます。

②複数のアルゴリズムを組み合わせて最適化を図ろうというもので、単一では精度を高めるために、いくつかのアルゴリズムによって判定を下す。

　少しでも怪しければチェックが入るようにもできます。
　逆に、すべてが疑わしいと判定しなければブロックしないようにすることもできます。

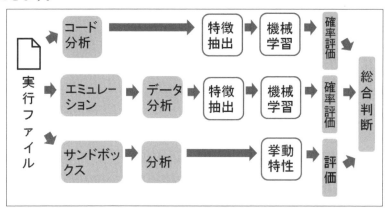

第4章 AIの技術

　スキルの高い管理者がいる組織では、前者の組み合わせが適切であり、一般ユーザー向けのウイルス対策ソフトなど、専門家によるチェックが期待できない場合には、後者のアプローチが有用です。

　なお、このように「人工知能」がウイルス対策ソフトに取り入れられるようになるには、以下の3点が決定打となったと考えられます。

①「ビッグデータ」の登場と「ハードウェアの低価格化」で、「機械学習」が身近なものとなった。

②「人工知能」ブームで、「機械学習アルゴリズム」と「コンピュータ科学」の人気が高まり、応用可能性が広がった。

③ユーザー側のマルウェアのデータベースが以前よりも縮小化する一方で、ベンダ側のデータベースが充実し、「機械学習」の教師用データとして有効に活用されるようになった。

■「ネット犯罪者」と「人工知能」

　これまで想像もできなかったことが「人工知能」と「機械学習」によって可能となる——「人工知能」や「機械学習」について述べる際には、常にバラ色の未来が描かれますが、はたしてこれは本当でしょうか。

　これは、明らかに「ノー」です。

　特に「機械学習」や「ディープラーニング」という言葉を全面に出して、旧来の方式を否定するような「新たな」ソリューションの提案を見ていると、なお一層懐疑的になってしまいます。

　そう、忘れてはならないのは、ネット犯罪者による「人工知能」の不正利用です。

　核エネルギーの開発が人類にもたらしたものを思い出せば分かるとおり、「人工知能」にもまた、ネガティブな側面があります。

適切な対策がなければ、今すぐにでも起こりうるかもしれません。

■「人工知能」を使った攻撃

もしもネット犯罪者が悪用した場合、大きく分類すると、
①既存の脅威を拡大
②新たな脅威を招く
③既存の脅威を別次元の脅威に変容させる
という恐れさえあります。

「人工知能」によって、セキュリティ側の防御が強化される見込みがあると同じだけ、ネット犯罪者側の攻撃力も強化される見込みがあるのです。

おおむね、サイバー攻撃はより効果的かつ簡便に実行できるようになるでしょう。

特に、「ソーシャル・エンジニアリング」を使ったスピア型フィッシングのような標的型攻撃こそ、これまで以上に脅威が拡大する恐れがあります。

今までであれば攻撃者が多くの労力や人手を使っていた煩雑な作業を「人工知能」は自動化し、より多くの不正者は、より少ない労力で犯罪を実行できるようになるからです。

*

また、ユーザーのオンライン情報を用いて、いかにもクリックしそうにアレンジされた不正なWebサイトやリンクを自動的に作成し、そのリンク先を伝えるメールも、実在の連絡相手が書きそうな内容が生成され、知人を装ったアドレスから送られてくるでしょう。

あたかもリアルにチャットを行なっていると思っていたら、実は、友人になりすました「人工知能」がボットとして対応していた…ということも、こうした脅威の新しい手段として加わることでしょう。

*

ほか、ネットワーク侵害の爆発的増加、個人情報の窃取、知性を備えたマルウェアの流行などが起こるかもしれません。

さらに、防御側の「人工知能」がソフトウェアの脆弱性を自動的に、かつ迅速に発見する前に、欠陥を悪用する「不正コード」が攻撃側の「人工知能」によって作り出されるおそれもあります。

＊

遠隔操作によって、バラバラな場所から一カ所に集中攻撃を行なう「DoS攻撃」にしても、「人工知能」の活用のメリットがあります。

膨大な量の集積データを利用することで、金銭を目的とする攻撃の犠牲者となりそうな者を、より効率的かつ大量に特定できるからです。

「人工知能」によって経済状況を推測し、ここまでならお金を出すだろう、という想定支払額を決めるうで有効であり、その結果、「ランサムウェア攻撃」の成功率もあがるはずです。

■「人工知能」の脆弱性

「人工知能システム」にも脆弱性があり、特に「アドバーサリアル・エグザンプル」と「トレーニングセット・ポイズニング」が指摘されており、いずれも、きわめて危険です。

「アドバーサリアル・エグザンプル」は、わざと収集データにノイズや誤った情報を取り込ませて誤認識を誘うものです。

「トレーニングセット・ポイズニング」は、教師用データそのものを生成するプロセスでフィルタを破壊したり、バックドアを仕掛けたりするものです。

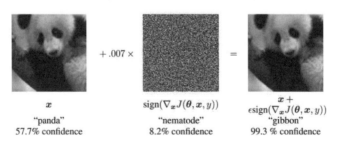

「アドバーサリアル・エグザンプル」の例　パンダをテナガザルと誤認させる
(https://arxiv.org/abs/1807.00051より)

いずれの場合も、「人工知能」にとって致命的です。

*

こうした攻撃を攻撃として認識し、教師用データの生成や学習のプロセスから除外させるような仕組みを、はたして、作り出すことができるのでしょうか。

結局のところ、「人工知能」がセキュリティにもたらすものは、必ずしもプラスとはかぎらない、という結論に至ります。

「人工知能」、特に「機械学習」については、華々しく宣伝がなされることが多いため、このことを見失いがちです。

たとえ最高水準の「機械学習」であっても、熟練した経験豊かな研究者、その基礎を構築する研究者、さらにそれを革新する同じ研究者と置き換えることはできません。

「人工知能」の不正利用の危険性については、今後、関係者が緊密に協力しあい、調査ならびに防御策を検討すべきでしょう。

ディープ・フェイク
「ポスト真実」を加速

> 「ディープ・ラーニング」によって、「AI」は飛躍的な進化を遂げ、さまざまな分野で活用されるようになりました。
> しかし、「AI」に対しては懸念の声も多く、中でも近い将来、ほぼ確実に現実のものとなる「ディープ・フェイク」は、私たちの社会を壊してしまいかねない恐ろしい脅威です。

● 御池　鮎樹

■「事実」より「感情」が優先される「ポスト真実」の時代

「フェイク・ニュース」、つまり「虚偽情報」は、別段新しいものではありません。

大手メディアであっても、誤報や、ある種のバイアスがかかったニュースが流されることはあります。

中には、某スポーツ新聞のように、「新聞」と名乗ってはいても、その実態はエンターテインメントに特化し、末尾に小さく「？」を付加しさえすれば何でもあり、といった媒体もあるからです。

しかし、インターネットの普及によって誰でも簡単に情報発信できるようになり、目を引くニュースはSNSの「いいね」などによって、真偽に関係なく恐ろしい勢いで拡散するようになった現在、「フェイク・ニュース」は、かつてとは次元の異なる存在となりつつあります。

● 社会や政治を左右する「フェイク・ニュース」

2016年の米大統領選では、「フェイク・ニュース」が有権者の投票行動に多少なりとも影響を与えたと言われています。

英国のEUからの離脱、いわゆる「ブレグジット」に至っては、離脱派の主役自らが「フェイク・ニュース」をバラまいて国民を煽ったあげく、投票終了

後に「言った覚えがない」「誤解されただけ」と平然と言い逃れて政界から引退しました。

　また、2016年末には、核保有国パキスタンの国防相が、「イスラエルが"核で恫喝"」という「フェイク・ニュース」を鵜呑みにし、核による報復を示唆するコメントを出して笑いものになるという、冷静に考えるとかなり恐ろしい事件も起こっています。

＊

　また、「フェイク・ニュース」を巡っては、「民主党幹部が関与する児童売春の拠点」だと濡れ衣を着せられたピザ屋にライフルをもった男が乱入して発砲する事件も起きており、「フェイク・ニュース」は、もはや、ただのジョークではすまない状況となりつつあります。

トランプ大統領の次男や大統領顧問までがツイートした「フェイク・ニュース」
（The Intercept社より）

＊

第4章　AIの技術

　このような現状を受けて、世界でもっとも権威のある英語辞典の1つである「オックスフォード英語辞典」は、2016年の「Word of the Year」、つまり"流行語大賞"に、「Post Truth」を選出しました。

　日本では「ポスト真実」と訳されていますが、オックスフォード英語辞典はこれを、「世論形成おいて、客観的な事実よりも、個人の感情や信条へのアピールのほうが影響力がある状況」と定義しています。
　つまり、多くの人が、「耳に痛い事実」より「都合の良いフェイク・ニュース」を信じてしまう時代になりつつある、ということです。

*

　そして、「ポスト真実」は、残念ながら今後もますます酷くなっていきそうです。

　それに加えて今、技術の進歩による「ディープ・フェイク」が、現実の脅威となりつつあるからです。

■ 「ディープ・ラーニング」と「第3次AIブーム」

　「ディープ・フェイク」とは、「ディープ・ラーニング」で学習した「AI」を使うことで可能になる、新しい「フェイク・ニュース」です。

● 第3次AIブームの幕を上げた「ディープ・ラーニング」

　「AI」は、これまでも何度かブームと冬の時代を繰り返してきましたが、今に続く「第3次AIブーム」の契機となったのが、2006年に実用化された「ディープ・ラーニング」(深層学習)です。

*

　「ディープ・ラーニング」とは、多層の「ニューラル・ネットワーク」を利用した、「AI」の「機械学習」の一手法です。
　人間の脳の特性の一部をモデル化した「ニューラル・ネットワーク」というモデルは、1950年代にはすでに登場していました。
　ですが、これまでは、コンピュータの性能が低かったため「ニューラル・ネットワーク」の多層化には限界があり、また複数の技術的ハードルがクリアできなかったこともあって、ほとんど成果を出せていませんでした。

＊

　しかし2006年、コンピュータの性能が向上したこと、そして何より、トロント大学のジェフリー・ヒントンが発表した論文によって、「ニューラル・ネットワーク」はにわかに注目を集め始めます。

＊

　ジェフリー・ヒントンはこの論文で、「多層化したニューラル・ネットワーク」を「ディープ・ネットワーク」と名付け、技術的ハードルをクリアする方法を発表。
　「ディープ・ネットワーク」を使った機械学習、すなわち「ディープ・ラーニング」は、すぐに非常に優れた機械学習手法であることが明らかになり、2012年には「AI」による画像認識コンテストで従来型の「AI」に圧勝することで、その威力を知らしめ、「第3次AIブーム」の幕が上がりました。

●「翻訳」や「画像認識」での活躍

　そして現在では、「ディープ・ラーニング」の成果は、私たちの日常生活でも感じられるようになっています。

＊

　たとえば「Google翻訳」に代表される「AI翻訳」は、「自然言語処理」と呼ばれる技術で入力された文章を別の言語に変換するサービス。
　ここ数年で飛躍的に精度が向上し、個人の癖や多彩な言い回しまでをも適切に処理できるようになったのは、「ディープ・ラーニング」による学習の成果です。

＊

　また、iOSの「Siri」や「Amazon Echo」などのAIアシスタントも、「ディープ・ラーニング」の成果物です。
　音声で操作する「AIアシスタント」は、まず入力された音声コマンドの意味を解析し、処理結果を音声で提示する必要があります。
　個人差が大きい「声」や「イントネーション」の差をカバーし、滑らかな音声で応答できるようになったのは、「ディープ・ラーニング」によって「音声認識」や「音声合成」の技術が飛躍的に進化したからこそです。

＊

　そして、最近何かと話題の「顔認証」や「自動運転」などにも、もちろん「ディープ・ラーニング」の技術が欠かせません。
　現在の「顔認証」は、「帽子」や「マスク」「サングラス」などを着けていても高

第4章 AIの技術

い精度で認識できるようになっており、言うまでもなくこれも、「ディープ・ラーニング」による「画像認識」技術の向上あってこそです。

「ディープ・ラーニング」の実用化によって「AI」は長足の進歩を遂げましたが、中でも「画像処理」「音声処理」「自然言語処理」の3技術は、特に「ディープ・ラーニング」の恩恵が大きい分野だと言えます。

■ 「事実」をねつ造できる「ディープ・フェイク」

現在の「AI」の「顔認証」の精度は、「帽子」や「眼鏡」「マスク」を着けていても認証が可能なレベルにまで達しており、「笑顔」や「泣き顔」といった表情の差など何ら苦にしません。

しかし、このことは、写真を1枚用意するだけで、現在の「AI」なら写真に写っている人物の表情を自由に加工できることを意味しています。

つまり、笑っている友人の写真を、怒りの表情に変えることなど、造作もないわけです。

*

そして、動画は技術的には、複数の静止画像を高速で順に表示することで実現されます。

つまり、原理的には写真を一枚用意すれば、その人物が登場するビデオが作成可能なわけで、もちろん元となる動画を用意できるのであれば、その加工はさらに容易になります。

・ビデオの顔の表情を自分とシンクロさせられるEmbodyMe社のフェイクビデオ作成アプリ「Xpression」

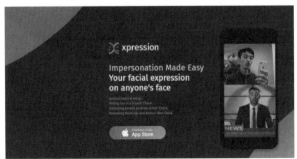

ディープ・フェイク

- 架空のアイドルの顔写真を作成できる「アイドル自動生成AI」
  https://datagrid.co.jp/news0.html

- AIアルゴリズム「GANs」を利用したNVIDIAのセレブ顔自動作成AI
  http://research.nvidia.com/publication/2017-10_Progressive-Growing-of

*

では、「音声」はどうでしょう。

かつて「音声案内」や「ボイス翻訳アプリ」の"声"は、いわゆる「マシン・ボイス」で、人の声とは明らかに違いが分かるものでした。

しかし、昨今の「AIアシスタント」などの"声"は非常に滑らかになり、若干まだ機械っぽさが感じられることもあるものの、急速にその精度を高めており、近い将来、人間の声と違いが分からないレベルに達することは間違いありません。

そして、AIアシスタントなどの"声"は、言うまでもなく、保存されている録音データをただ再生しているわけではありません。

もちろん、元となる"声"のデータがある程度は必要ですが、「母音」や「子音」「音節」などの最小限のデータを合成することで、一連の"声"のフレーズを作り出しています。

つまりこちらも、逆から見れば、「最小限の声のデータ」さえ用意してやれば、任意の人物の声で、好きな文章を喋らせられるということです。

*

以上を踏まえると、一体どのようなことが可能になるでしょうか。

たとえば、政治家の演説ビデオを入手すれば、その表情や声を、「AI」を使って誰でも好き勝手に変更できることになります。

さらに、仕事相手との商談を不倫相手との密会スクープに。

穏やかな表情で子供を可愛がる写真を血走った目で殴るシーンにと、好き勝手に改ざんできてしまいます。

これが、「ディープ・ラーニング」を使って学習した「AI」を使った「フェイク・ニュース」、すなわち「ディープ・フェイク」です。

第4章　AIの技術

■ そう遠くない、確実にやってくる未来

「ディープ・フェイク」を使えばもはや、少なくてもインターネット上では、できないことはなくなります。

嫌いな政治家や有名人に暴言を吐かせ、ありもしないスキャンダルをねつ造し、それを「ソース」として「フェイク・ニュース」をでっち上げれば、もはや誰もその真贋を判定することはできなくなります。

もちろん、「信頼性の高いメディアだけを信用する、他は全部フェイクとして切り捨てる」といった選別方法はあり得ます。

しかし、特にセクハラやパワハラ、汚職や贈賄といった犯罪は、個人レベルの告発が極めて重要な意味をもちます。

また、大手メディアも結局のところ、関係者への取材を重ねつつ記事を作っていることに変わりはなく、「取材源の嘘」を見抜く手段がなくなることは、メディアにとって極めて深刻な問題です。

さらに、逆の側面として、罪を問われた側が実際には事実であるにも関わらず、「ディープ・フェイクだ」としてえん罪を主張し、言い逃れる可能性も出てくるかもしれません。

多数の目撃者がいたり、まったく利害関係がない証人がいるような事件は別ですが、監視カメラや録音データが決め手となるような事件はすべて、下手をすると証拠不十分となってしまう可能性があります。

＊

……「ディープ・フェイク」が本格化すれば、もはや私たちに「フェイク・ニュース」を見抜く術はなくなり、真実と嘘の境目は極めて曖昧になるでしょう。

そして残念ながら、「AIの暴走」や「シンギュラリティ」といった"おとぎ話"と違い、「ディープ・フェイク」はそう遠くない未来に、ほぼ確実にやってくる現実です。

「AI」は誰のものか

「生活」「労働」にかかわる「AI」

> コンピュータ技術や通信インフラの整備が進み、多方面で「AI」の運用が始まっています。
> 「AI」の進歩によって、今後の社会はどのように変化するのでしょうか。

●本間　一

■ 経済効果への期待

「AI」の活用は、「商工業」「教育」「国家運営」など、あらゆる分野で大きなテーマの1つです。

「商工業」の中では、「情報通信」「製造」「金融サービス」などの業種では、「AI」の有効活用による増益効果が大きいと予想されています。

「AI」技術導入による効果は業種や業態によって変わりますが、効果は広範に及ぶので、日本経済の総体的な成長が期待されます。
しかし、「AI」技術開発では米国やドイツがリードし、日本は遅れているという指摘があり、「AI」の開発に対する政策支援の強化が望まれます。

■ 政府の方針

政府は2016年5月、「第4次産業革命」を推進する「日本再興戦略2016」を公表。
「第4次産業革命」には、「IoT」や「ビッグデータ」などの「IT」「AI」「ロボット」「ドローン」など、先端技術の分野が含まれます。

政府は2020年までに、これらの分野への投資をGDPの4％以上に増やすとしています。

*

第4章 AIの技術

　また、政府は2016年11月、未来投資会議を行ない、医療や介護の現場で、「AI」や「ロボット」の活用を促す方針を表明。

　医療や介護に、「AI」や「ロボット」を導入して業務を効率化すると、「追加報酬」を得られる制度を2020年までに開始する予定です。

＊

　このように政府は「AI」の推進を重要視していることは分かります。

　しかし、総務省、経済産業省、文部科学省のうち、どこが主導権を握るのかなど、縦割り行政の問題が「AI」発展の足かせになることが懸念されます。

■ 危機管理

　「AI」に求められる機能は、「ビッグデータ」から特定の「傾向」や「法則性」を学習し、ある「、命題」について、「最適解」や高確率で起こり得る「事象予測」などを提示することです。

　こうした機能は、異常なデータや危険を示す兆候などの検知にも役立ちます。

＊

　人の集まる場所のテロをどうしたら未然に防げるか議論が続いています。

　その対策の1つとして注目されるのが、防犯カメラ映像を解析して、危険をリアルタイムに察知するシステムです。

● ArgosView

　ITシステムのセキュリティ対策などを手がける、「ヴイ・インターネットオペレーションズ」は、自社開発の映像監視ソフト「ArgosView」と、パナソニックの「画像解析技術」を組み合わせた「セキュリティ・システム」を提供しています。

https://www.argosview.jp/

● 3Dセンシング

「パナソニック システムネットワークス開発研究所」の「画像解析」では、「3Dセンシング」によって情報を収集し、「ディープ・ラーニング」や「ランダム・フォレスト」による処理を行ないます。

これにより、特定の「人物」や「物体」を検出し、それを追跡できます。

3Dセンシング

https://panasonic.co.jp/cns/psnrd/technology/03_image_processing.htmlより

＊

「3Dセンシング」には、(a)「SLAM」(Simultaneous Localization and Mapping)による「位置推定」および「マップ作成」と、(b)「距離センサ」による「3次元画像処理」の技術があります。

● SLAM

「SLAM」は、「GPS」や「ステレオカメラ」などをセンサとして使い、「自己位置」や「姿勢」を検出する技術。

主にクルマの「自動運転システム」などに使われますが、移動巡回する「防犯ロボット」などへの応用も可能です。

一方、「防犯カメラ」のシステムでは、「カメラ」と「距離センサ」を併用し、3次元画像処理を行ないます。

● ランダム・フォレスト

「ランダム・フォレスト」とは、「決定木」(けっていぎ)学習を用いた機械学習の手法です。

「決定木」は、ある項目に関する複数の情報を「ツリー構造」で示したデータのことです。

「ランダム・フォレスト」では、比較的浅い階層で構成された多数の「決定木」を収集します。

「決定木」の集合を「森」に見立てることから「フォレスト」(森)という名前がついています。

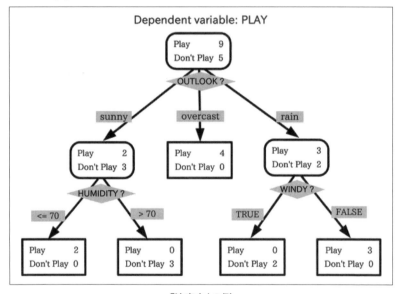

「決定木」の例

*

防犯意識の高まりから、繁華街やショッピングモールなどには多数の防犯カメラが設置されるようになりましたが、それだけでは安心できません。

それらの映像を漏れなく監視し、非常事態を瞬時に検知する必要があります。

しかし、多数の映像のすべてを、少数の警備員で完全に把握することは不可能です。

「AI」は誰のものか

防犯システムに「AI」解析を組み込むことで、危険な状況の発生を瞬時に捉えることができ、犯罪行為を未然に防ぐことにも役立ちます。

■ 違法出品の検知

最近は「メルカリ」や「ラクマ」など、個人売買を仲介する、フリーマーケットのようなWebサービスが人気です。

「売る人」は不要品を処分して金銭を得ることができ、「買う人」は欲しいものを安く入手できます。

しかし、個人売買サービスは良いことばかりではありません。

偽ブランド品の出品など、違法な出品が問題になっています。

このような問題への対処は、人海戦術に頼っているのが現状で、多くの人員を割いて出品物を確認し、違法出品の公開停止や出品者への警告を行なっています。

「AI」を使って、このような作業の大半が処理できれば、人的リソースを大幅に削減できます。

「AI」の導入後には、「監視スタッフ」の業務は、「誤検知」や「精巧な偽造品」などへの対応に集中できます。

■「AI」で働き方は変わるのか

● 変わり始めた「顧客サポート」業務

「ユーザーサポート業務」のコールセンターは、大半が「AI」に置き換わると考えられています。

数年内には、(1)比較的簡単な返答は「AI」が担当し、(2)込み入った話は人が対応するという体制が主流になるでしょう。

● AIチャットボット

こうした取り組みはすでに始まっています。

たとえば、「AKSUL」(アクスル)の運営するネット通販サイト「LOHACO」(ロハコ)では、顧客サポートに「AIチャットボット」を導入しています。

153

第4章 AIの技術

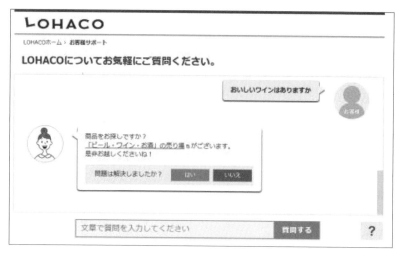

LOHACOの「AIチャットボット」

「チャットボット」は、「マナミ」という女性キャラの設定で、質問の文章を入力すると、答えてくれます。

● バーチャルエージェント

「チャットボット」には、「りらいあコミュニケーションズ」が提供する対話システム「バーチャルエージェント」が使われています。

「バーチャルエージェント」のエンジンは、IBMのAIプラットフォーム「Watson」(ワトソン)。

IBMは、「Watson」の「AI」について、「Artificial Intelligence」(人工知能)ではなく、人間の知識を拡張する「Augmented Intelligence」(拡張知能)である、と定義しています。

「Watson」の基本構成は、「自然言語処理」と「機械学習」であり、「質問の分析」「内容評価」「回答の提示」というプロセスで処理します。

https://www.ibm.com/watson/jp-ja/

「AI」は誰のものか

■「シンギュラリティ」へのカウントダウン

　現在の「AI」の知能は、人間の3歳程度と言われていますが、将来は大幅に性能が向上するでしょう。

● カーツワイル氏の予測

　Googleで「AI」開発の指揮を執るレイ・カーツワイル氏によると、「AI」を含むコンピュータは、2045年に「シンギュラリティ」(技術的特異点、Technological Singularity)を迎える、としています。

https://www.ted.com/talks/ray_kurzweil_announces_singularity_university?language=ja

　「シンギュラリティ」の前段階では、2030年には脳とコンピュータが融合し、現実と区別がつかない「VR」(バーチャルリアリティ)を体験できるようになり、2040年には、映画「マトリックス」のように人生の大半を「VR」の中で過ごすようになります。

　やがて時代は「シンギュラリティ」を迎え、10万円ほどのコンピュータは、人間の誰よりも高度な知能をもちます。

　「AI」は、地球上で最も賢い知的存在になり、技術開発なども「AI」が進めるようになる、とカーツワイル氏は考察しています。

■ 労働状況の変化

　人の生活そのものが一変するような時代はまだ先の話ですが、上場企業の約3割は何らかの形で「AI」の導入を検討しているようです。
　「AI」の稼働が増えるにつれ、労働状況はどのように変わるのか。
　それを予測するには、「AI」やロボットの普及によって衰退する可能性の高い職種を把握しておくことが重要です。
　　　　　　　　　　　＊
　消えゆく職業の筆頭に挙げられるのが、小売店販売員、接客係、レジ打ち係など。
　そして、「箱詰め」や「荷物の積み卸し」などの作業員。

第4章　AIの技術

箱詰めなどは、すでに機械化が進んでいる分野ですが、よりいっそうの人員削減が進むでしょう。

トラックやバス、タクシー、電車などの運転が無人化されるのは想像に易いです。

ただ、航空機は、自動化はされるでしょうが、最低1人のパイロットが乗務するような運行方法になると考えられるので、「シンギュラリティ」を迎えるまでは、職業としてはなくならないでしょう。

ただし、離着陸を含めて操縦は自動化され、パイロットは安全運行を監視するのが主な業務となります。

その他、「大工」や「家具職人」「料理人」なども挙げられています。

優れた「職人」や「料理人」の技術を、ロボットがそのまま再現できるようになります。

*

このように、ざっと見ただけでも、非常に多くの職種が「AI」や「ロボット」に奪われると予測されています。

経済産業省が2016年4月に発表した試算によれば、「AI」や「ロボット」の進歩によって、2030年度には735万人の国内雇用が減るとしています。

*

しかしながら、たとえばIT関連の技術職などは、人材が不足しています。

また、顧客ごとにカスタマイズした保険商品の営業など、高度なコンサルティングスキルが必要な職種も同様です。

雇用減少の対策には、不足している分野で活躍できる人材を育成するとともに、新たな職種の創出が求められます。

「ニーズの減る業種」から「人材不足の業種」へ移動させる変革を促すことにより、雇用の減少は161万人に抑えられるとしています。

「AI」は誰のためにあるか

「AI」の目的は、多様な事象から学び、それを基に正しい判断をすることです。

そして、「AI」は人の役に立たなければなりません。

「AI」が迫り来る危険を察知できれば、社会の安全性は高まり、多くの人のためになります。

＊

一方で、「AI」の進歩により、雇用の減少という問題もあります。

それと同時に、2030年には、「名目GDP」は+3.5％、「労働生産性」は+3.6％になると試算されています。

「AI」が経済成長をもたらすならば、1人当たりの「労働時間を短縮」し、多くの人が賃金を得られるよう、「雇用の減少」による「失業率の上昇」を抑止する政策を進めるべきなのではないでしょうか。

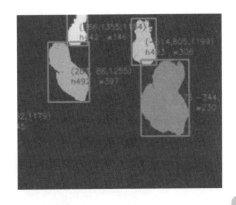

索　引

五十音順

あ行

- **あ** アイドル自動生成AI ······················· 147
- アクティブ・ノイズ・キャンセリング ······· 91
- アシロマ23原則 ······························· 57
- アラン・チューリング ························ 14
- **い** 遺伝アルゴリズム ···························· 12
- **う** ヴァーチャル・スクリーニング ············· 96
- **え** エージェント ·································· 29
- エキスパート・システム ····················· 15
- **お** 音声処理 ······································· 89
- 音声認識 ······································· 11
- 音声分離 ······································· 90

か行

- **か** 回帰分析 ······································· 24
- 拡張知能 ······································· 51
- 画像解析 ································· 10,108
- 仮想パーソナル・アシスタント ··············· 18
- **き** 機械学習 ······································· 20
- 機械制御 ······································· 12
- 強化学習 ······································· 29
- 教師あり学習 ·································· 78
- 金融工学 ······································· 51
- **く** 組み合わせ爆発 ······························ 15
- クラウド ······································· 16
- **け** 決定木 ··· 152
- 検索エンジン ··································· 8

さ行

- **し** 識別 ··· 11
- シグネチャ方式 ······························ 134
- 自然言語解析 ·································· 11
- 実効 ··· 11
- 自動運転 ······················· 52,119,127
- 出力層 ·· 20
- シンギュラリティ ··························· 155
- 人工知能 ··· 8
- 人工ニューロン ································ 34
- 人工無能 ······································· 49
- 深層学習 ··· 9
- **す** 推測統計学 ···································· 24
- 推論 ··· 12
- スクリーニング ································ 96
- スマートストア ································ 70
- すり合わせ型 ·································· 54
- **せ** 正規分布 ······································· 25
- セルフ・ドライビングカー ··················· 54
- 線形連立方程式 ······························· 24
- センス・データ ································ 24
- 専用AI ··· 13
- **そ** 創薬 ··· 95

た行

- **た** 多次元行列 ···································· 33
- 探索 ··· 12
- **ち** 知的ブラックボックス ······················ 121
- チャットボット ······························ 153
- 中間層 ·· 20
- 中心極限定理 ·································· 25
- チューリング・テスト ························ 14
- 強いAI ··· 12
- **て** ディープ・クラスタリング ··················· 90
- ディープ・フェイク ························· 142
- ディープ・ブルー ····························· 15
- ディープ・ラーニング ······················ 9,21
- データ・マイニング ····················· 12,27
- 敵対的生成 ···································· 45
- テンセント ··································· 131
- **と** 動画分析 ····································· 108
- トロッコ問題 ·································· 55

な行

- **に** ニュートン・ラフソン法 ····················· 24
- ニューラル・ネットワーク ············· 10,33
- 入力層 ·· 20
- **の** ノイズ除去 ···································· 89

は行

- **は** パーセプトロン ································ 35
- バーチャルエージェント ···················· 154
- パターン・マッチング ······················· 49
- パターン認識 ································ 103
- 判断推理 ······································· 44
- 汎用AI ··· 13
- **ひ** ビジョン・プロセッサ ······················ 113
- ビッグデータ ·································· 16
- ヒューリスティック ························· 135
- 表現生成 ······································· 12
- 表情認識 ······································· 82
- **ふ** ブラック・ショールズ方程式 ················ 51
- プランニング ·································· 12
- フレーム問題 ·································· 15
- **へ** 米国国立標準技術研究所 ····················· 60
- ベイズ理論 ··································· 135

ま行

- **ま** マッチング ···································· 61
- **む** 無人戦闘機 ···································· 55
- **も** モジュール型 ·································· 54

や行

- **よ** 予測 ··· 11
- 弱いAI ··· 12

ら行

- **ら** ランダム・フォレスト ······················ 152
- **り** りんな ·· 130
- **ろ** ロボティック・オートメーション ··········· 62

索引

アルファベット順

数字
- 3Dセンシング ……………………… 151

A
- AI ……………………………………………… 8
- A11 Bionic ……………………………… 115
- AI-AAM ………………………………… 97
- AIアシスタント ……………………… 110
- AIエッジ・コンピューティング … 110
- Alexa Skills Kit ……………………… 108
- Alexa Voice Services ……………… 108
- AlphaGo ………………………………… 18
- Amazon Echo ……………………… 39,109
- Amazon Go …………………………… 66
- Amazon Lex …………………………… 108
- Amazon Polly ………………………… 108
- Amazon Rekognition ……………… 108
- ANC ……………………………………… 91
- ANIMAL ………………………………… 26
- ArgosView ……………………………… 150
- ARM Machine Leaning …………… 103
- Artficial Intelligence ………………… 8
- ASIC ……………………………………… 104
- AWS ……………………………………… 108

B
- Baby Q ………………………………… 129

C
- chatbot ………………………………… 49
- Cloud AutoML ………………………… 58
- Cognitive Services ………………… 64
- Cognitivo toolkit …………………… 82
- Computer Vision API ……………… 87
- CUDA …………………………………… 101

D
- Data mining …………………………… 27

E
- ELIZA …………………………………… 49
- Emotion API …………………………… 82
- ENIAC …………………………………… 23

F
- Face ID ………………………………… 115
- FPGA …………………………………… 104

G
- GAN ……………………………………… 45
- Google AutoDraw …………………… 48
- Google Clips ………………………… 72
- GPGPU ……………………………… 30,101
- GQN ……………………………………… 42

J
- Jetson TX2 …………………………… 112

K
- KIRIN ……………………………… 104,116

L
- LISP ……………………………………… 26
- LTCM破綻 ……………………………… 51

M
- MIG-25 ………………………………… 55
- Movidius Myriad X ………………… 113

N
- NEC Advanced Analytics ………… 60
- NEC the WISE ……………………… 60
- Nervana NNP ………………………… 112
- Neural engine ………………………… 103
- Neural Network Console ………… 75
- Neural Network Libraries ……… 74
- NIST …………………………………… 60
- NNP ……………………………………… 103
- NPU ……………………………………… 103

O
- OneClass分類アルゴリズム ……… 61
- OpenCV ………………………………… 32

P
- Prolog …………………………………… 27

Q
- Q学習 …………………………………… 30

R
- R言語 …………………………………… 32
- RAPID機械学習 ……………………… 61
- RDA ……………………………………… 62
- RPA ……………………………………… 62
- RQ-1 …………………………………… 55

S
- SLAM …………………………………… 151
- SSI ……………………………………… 61
- S式 ……………………………………… 26

T
- TensorFlow ……………………… 32,106
- Tesla V100 ……………………… 102,111
- TPU ……………………………………… 104

V
- VHDL …………………………………… 105
- Voltaアーキテクチャ ……………… 111
- VPU ……………………………………… 113

W
- Wannacry ……………………………… 137
- Watson ………………………………… 50
- Web API ……………………………… 107

X
- Xpression ……………………………… 146

Z
- Zinrai …………………………………… 59

159

[執筆者一覧]

arutanga
nekosan
勝田有一朗
清水美樹
高木聡
瀧本往人
ドレドレ怪人
初野文章
某吉
本間一
御池鮎樹

本書の内容に関するご質問は、
①返信用の切手を同封した手紙
②往復はがき
③FAX (03) 5269-6031
　(返信先のFAX番号を明記してください)
④E-mail　editors@kohgakusha.co.jp
のいずれかで、工学社編集部あてにお願いします。
なお、電話によるお問い合わせはご遠慮ください。

サポートページは下記にあります。

[工学社サイト]

http://www.kohgakusha.co.jp/

I/O BOOKS

速習 AIの世界

2019年3月30日　初版発行　© 2019

編　集　I/O編集部
発行人　星　正明
発行所　株式会社 工学社
〒160-0004 東京都新宿区四谷 4-28-20 2F
電話　(03)5269-2041(代) [営業]
　　　(03)5269-6041(代) [編集]
振替口座　00150-6-22510

※定価はカバーに表示してあります。

印刷：図書印刷(株)

ISBN978-4-7775-2075-6